T&P BOOKS

SÉRVIO
VOCABULÁRIO

PALAVRAS MAIS ÚTEIS

PORTUGUÊS SÉRVIO

Para alargar o seu léxico e apurar
as suas competências linguísticas

3000 palavras

Vocabulário Português-Sérvio - 3000 palavras
Por Andrey Taranov

Os vocabulários da T&P Books destinam-se a ajudar a aprender, a memorizar, e a rever palavras estrangeiras. O dicionário é dividido em temas, cobrindo todas as principais esferas de atividades quotidianas, negócios, ciência, cultura, etc.

O processo de aprendizagem, utilizando os dicionários baseados em temáticas da T&P Books dá-lhe as seguintes vantagens:

- Informação de origem corretamente agrupada predetermina o sucesso em fases subsequentes da memorização de palavras
- Disponibilização de palavras derivadas da mesma raiz, o que permite a memorização de unidades de texto (em vez de palavras separadas)
- Pequenas unidades de palavras facilitam o processo de estabelecimento de vínculos associativos necessários para a consolidação do vocabulário
- O nível de conhecimento da língua pode ser estimado pelo número de palavras aprendidas

T&P Books Publishing
www.tpbooks.com

ISBN: 978-1-78400-963-2

Este livro também está disponível em formato E-book.
Por favor visite www.tpbooks.com ou as principais livrarias on-line.

VOCABULÁRIO SÉRVIO
palavras mais úteis

Os vocabulários da T&P Books destinam-se a ajudar a aprender, a memorizar, e a rever palavras estrangeiras. O vocabulário contém mais de 3000 palavras de uso comum organizadas tematicamente.

O vocabulário contém as palavras r.iais comummente usadas
Recomendado como adicional para qualquer curso de línguas
Satisfaz as necessidades dos iniciados e dos alunos avançados de línguas estrangeiras
Conveniente para o uso diário, sessões de revisão e atividades de auto-teste
Permite avaliar o seu vocabulário

Características especias do vocabulário

* As palavras estão organizadas de acordo com o seu significado, e não por ordem alfabética
* As palavras são apresentadas em três colunas para facilitar os processos de revisão e auto-teste
* As palavras compostas são divididas em pequenos blocos para facilitar o processo de aprendizagem
* O vocabulário oferece uma transcrição simples e adequada de cada palavra estrangeira

O vocabulário contém 101 tópicos incluindo:

Conceitos básicos, Números, Cores, Meses, Estações do ano, Unidades de medida, Roupas & Acessórios, Alimentos & Nutrição, Restaurante, Membros da Família, Parentes, Caráter, Sentimentos, Emoções, Doenças, Cidade, Passeios, Compras, Dinheiro, Casa, Lar, Escritório, Trabalho no Escritório, Importação & Exportação, Marketing, Pesquisa de Emprego, Desportos, Educação, Computador, Internet, Ferramentas, Natureza, Países, Nacionalidades e muito mais ...

TABELA DE CONTEÚDOS

Guia de pronunciação   8
Abreviaturas   9

CONCEITOS BÁSICOS   11

1. Pronomes   11
2. Cumprimentos. Saudações   11
3. Questões   12
4. Preposições   12
5. Palavras funcionais. Advérbios. Parte 1   13
6. Palavras funcionais. Advérbios. Parte 2   15

NÚMEROS. DIVERSOS   16

7. Números cardinais. Parte 1   16
8. Números cardinais. Parte 2   17
9. Números ordinais   17

CORES. UNIDADES DE MEDIDA   18

10. Cores   18
11. Unidades de medida   18
12. Recipientes   19

VERBOS PRINCIPAIS   21

13. Os verbos mais importantes. Parte 1   21
14. Os verbos mais importantes. Parte 2   22
15. Os verbos mais importantes. Parte 3   22
16. Os verbos mais importantes. Parte 4   23

TEMPO. CALENDÁRIO   25

17. Dias da semana   25
18. Horas. Dia e noite   25
19. Meses. Estações   26

VIAGENS. HOTEL 29

20.	Viagens	29
21.	Hotel	29
22.	Turismo	30

TRANSPORTES 32

23.	Aeroporto	32
24.	Avião	33
25.	Comboio	34
26.	Barco	35

CIDADE 37

27.	Transportes urbanos	37
28.	Cidade. Vida na cidade	38
29.	Instituições urbanas	39
30.	Sinais	40
31.	Compras	41

VESTUÁRIO & ACESSÓRIOS 43

32.	Roupa exterior. Casacos	43
33.	Vestuário de homem & mulher	43
34.	Vestuário. Roupa interior	44
35.	Adereços de cabeça	44
36.	Calçado	44
37.	Acessórios pessoais	45
38.	Vestuário. Diversos	45
39.	Cuidados pessoais. Cosméticos	46
40.	Relógios de pulso. Relógios	47

EXPERIÊNCIA DO QUOTIDIANO 48

41.	Dinheiro	48
42.	Correios. Serviço postal	49
43.	Banca	49
44.	Telefone. Conversação telefónica	50
45.	Telefone móvel	51
46.	Estacionário	51
47.	Línguas estrangeiras	52

REFEIÇÕES. RESTAURANTE 54

48.	Por a mesa	54
49.	Restaurante	54
50.	Refeições	54
51.	Pratos cozinhados	55
52.	Comida	56

53.	Bebidas	58
54.	Vegetais	59
55.	Frutos. Nozes	60
56.	Pão. Bolaria	60
57.	Especiarias	61

INFORMAÇÃO PESSOAL. FAMÍLIA   62

58.	Informação pessoal. Formulários	62
59.	Membros da família. Parentes	62
60.	Amigos. Colegas de trabalho	63

CORPO HUMANO. MEDICINA   65

61.	Cabeça	65
62.	Corpo humano	66
63.	Doenças	66
64.	Sintomas. Tratamentos. Parte 1	68
65.	Sintomas. Tratamentos. Parte 2	69
66.	Sintomas. Tratamentos. Parte 3	70
67.	Medicina. Drogas. Acessórios	70

APARTAMENTO   72

68.	Apartamento	72
69.	Mobiliário. Interior	72
70.	Quarto de dormir	73
71.	Cozinha	73
72.	Casa de banho	74
73.	Eletrodomésticos	75

A TERRA. TEMPO   76

74.	Espaço sideral	76
75.	A Terra	77
76.	Pontos cardeais	77
77.	Mar. Oceano	78
78.	Nomes de Mares e Oceanos	79
79.	Montanhas	80
80.	Nomes de montanhas	81
81.	Rios	81
82.	Nomes de rios	82
83.	Floresta	82
84.	Recursos naturais	83
85.	Tempo	84
86.	Tempo extremo. Catástrofes naturais	85

FAUNA   87

| 87. | Mamíferos. Predadores | 87 |
| 88. | Animais selvagens | 87 |

89. Animais domésticos   88
90. Pássaros   89
91. Peixes. Animais marinhos   91
92. Anfíbios. Répteis   91
93. Insetos   92

FLORA   93

94. Árvores   93
95. Arbustos   93
96. Frutos. Bagas   94
97. Flores. Plantas   95
98. Cereais, grãos   96

PAÍSES DO MUNDO   97

99. Países. Parte 1   97
100. Países. Parte 2   98
101. Países. Parte 3   99

GUIA DE PRONUNCIAÇÃO

Letra	Exemplo Sérvio	Alfabeto fonético T&P	Exemplo Português

Vogais

Letra	Exemplo Sérvio	Alfabeto fonético	Exemplo Português
A a	авлија	[a]	chamar
E e	ексер	[e]	metal
И и	излаз	[i]	sinónimo
O o	очи	[o]	lobo
У у	ученик	[u]	bonita

Consoantes

Letra	Exemplo Sérvio	Alfabeto fonético	Exemplo Português
Б б	брег	[b]	barril
В в	вода	[ʋ]	fava
Г г	глава	[g]	gosto
Д д	дим	[d]	dentista
Ђ ђ	ђак	[dʑ]	tajique
Ж ж	жица	[ʒ]	talvez
З з	зец	[z]	sésamo
Ј ј	мој	[j]	géiser
К к	киша	[k]	kiwi
Л л	лептир	[l]	libra
Љ љ	љиљан	[ʎ]	barulho
М м	мајка	[m]	magnólia
Н н	нос	[n]	natureza
Њ њ	књига	[ɲ]	ninhada
П п	праг	[p]	presente
Р р	рука	[r]	riscar
С с	слово	[s]	sanita
Т т	тело	[t]	tulipa
Ћ ћ	ћуран	[tɕ]	tchetcheno
Ф ф	фењер	[f]	safári
Х х	хлеб	[h]	[h] aspirada
Ц ц	цео	[ts]	tsé-tsé
Ч ч	чизме	[tʃ]	Tchau!
Џ џ	џбун	[dʒ]	adjetivo
Ш ш	шах	[ʃ]	mês

ABREVIATURAS
usadas no vocabulário

Abreviaturas do Português

adj	-	adjetivo
adv	-	advérbio
anim.	-	animado
conj.	-	conjunção
desp.	-	desporto
etc.	-	etecetra
ex.	-	por exemplo
f	-	nome feminino
f pl	-	feminino plural
fem.	-	feminino
inanim.	-	inanimado
m	-	nome masculino
m pl	-	masculino plural
m, f	-	masculino, feminino
masc.	-	masculino
mat.	-	matemática
mil.	-	militar
pl	-	plural
prep.	-	preposição
pron.	-	pronome
sb.	-	sobre
sing.	-	singular
v aux	-	verbo auxiliar
vi	-	verbo intransitivo
vi, vt	-	verbo intransitivo, transitivo
vr	-	verbo reflexivo
vt	-	verbo transitivo

Abreviaturas do Sérvio

ж	-	nome feminino
ж мн	-	feminino plural
м	-	nome masculino
м мн	-	masculino plural
м, ж	-	masculino, feminino
мн	-	plural
нг	-	verbo intransitivo
нг, пг	-	verbo intransitivo, transitivo

пг	-	verbo transitivo
с	-	neutro
с мн	-	neutro plural

CONCEITOS BÁSICOS

1. Pronomes

eu	ja	ja
tu	ти	ti
ele	он	on
ela	она	óna
ele, ela (neutro)	оно	óno
nós	ми	mi
vocês	ви	vi
eles	они	óni
elas	оне	óne

2. Cumprimentos. Saudações

Olá!	Здраво!	Zdrávo!
Bom dia! (formal)	Добар дан!	Dóbar dan!
Bom dia! (de manhã)	Добро јутро!	Dóbro jútro!
Boa tarde!	Добар дан!	Dóbar dan!
Boa noite!	Добро вече!	Dóbro véče!
cumprimentar (vt)	поздрављати (nr)	pózdravljati
Olá!	Здраво!	Zdrávo!
saudação (f)	поздрав (м)	pózdrav
saudar (vt)	поздрављати (nr)	pózdravljati
Como vai?	Како сте?	Káko ste?
Como vais?	Како си?	Káko si?
O que há de novo?	Шта је ново?	Šta je nóvo?
Adeus! (formal)	Довиђења!	Doviđénja!
Até à vista! (informal)	Здраво!	Zdrávo!
Até breve!	Видимо се ускоро!	Vídimo se úskoro!
Adeus!	Збогом!	Zbógom!
despedir-se (vr)	опраштати се	opráštati se
Até logo!	Ћао! Здраво!	Ćáo! Zdrávo!
Obrigado! -a!	Хвала!	Hvála!
Muito obrigado! -a!	Хвала лепо!	Hvála lépo!
De nada	Изволите	Izvólite
Não tem de quê	Нема на чему!	Néma na čému!
De nada	Нема на чему	Néma na čému
Desculpa!	Извини!	Izvíni!
Desculpe!	Извините!	Izvínite!
desculpar (vt)	извињавати (nr)	izvinjávati

desculpar-se (vr)	извињавати се	izvinjávati se
As minhas desculpas	Извињавам се	Izvinjávam se
Desculpe!	Извините!	Izvínite!
perdoar (vt)	опраштати (nr)	opráštati
Não faz mal	Ништа страшно!	Níšta strášno!
por favor	молим	mólim

Não se esqueça!	Не заборавите!	Ne zabóravite!
Certamente! Claro!	Наравно!	Náravno!
Claro que não!	Наравно да не!	Náravno da ne!
Está bem! De acordo!	Слажем се!	Slážem se!
Basta!	Доста!	Dósta!

3. Questões

Quem?	Ко?	Ko?
Que?	Шта?	Šta?
Onde?	Где?	Gde?
Para onde?	Куда?	Kúda?
De onde?	Одакле? Откуд?	Ódakle? Ótkud?
Quando?	Када?	Káda?
Para quê?	Зашто?	Zášto?
Porquê?	Зашто?	Zášto?

Para quê?	За шта? Због чега?	Zá šta? Zbog čéga?
Como?	Како?	Káko?
Qual?	Какав?	Kákav?
Qual? (entre dois ou mais)	Који?	Kóji?

A quem?	Коме?	Kóme?
Sobre quem?	О коме?	O kóme?
Do quê?	О чему?	O čému?
Com quem?	Са ким?	Sa kim?

Quanto, -os, -as?	Колико?	Kolíko?
De quem? (masc.)	Чији?	Číji?
De quem é? (fem.)	Чија?	Číja?
De quem são? (pl)	Чије?	Číje?

4. Preposições

com (prep.)	с, са	s, sa
sem (prep.)	без	bez
a, para (exprime lugar)	у	u
sobre (ex. falar ~)	о	o
antes de ...	пре	pre
diante de ...	испред	íspred

sob (debaixo de)	испод	íspod
sobre (em cima de)	изнад	íznad
sobre (~ a mesa)	на	na
de (vir ~ Lisboa)	из	iz

de (feito ~ pedra)	од	od
dentro de (~ dez minutos)	за	za
por cima de ...	преко	préko

5. Palavras funcionais. Advérbios. Parte 1

Onde?	Где?	Gde?
aqui	овде	óvde
lá, ali	тамо	támo

| em algum lugar | негде | négde |
| em lugar nenhum | нигде | nígde |

| ao pé de ... | код | kod |
| ao pé da janela | поред прозора | póred prózora |

Para onde?	Куда?	Kúda?
para cá	овамо	óvamo
para lá	тамо	támo
daqui	одавде	ódavde
de lá, dali	оданде	ódande

| perto | близу | blízu |
| longe | далеко | daléko |

perto de ...	близу, у близини	blízu, u blizíni
ao lado de	у близини	u blízini
perto, não fica longe	недалеко	nédaleko

esquerdo	леви	lévi
à esquerda	слева	sléva
para esquerda	лево	lévo

direito	десни	désni
à direita	десно	désno
para direita	десно	désno

à frente	спреда	spréda
da frente	предњи	prédnji
em frente (para a frente)	напред	nápred

atrás de ...	иза	íza
por detrás (vir ~)	отпозади	otpozádi
para trás	назад, унатраг	názad, unátrag

| meio (m), metade (f) | средина (ж) | sredína |
| no meio | у средини | u sredíni |

de lado	са стране	sa stráne
em todo lugar	свуда	svúda
ao redor (olhar ~)	око	óko

| de dentro | изнутра | iznútra |
| para algum lugar | некуда | nékuda |

13

| diretamente | право | právo |
| de volta | назад | názad |

| de algum lugar | однекуд | ódnekud |
| de um lugar | однекуд | ódnekud |

em primeiro lugar	прво	pŕvo
em segundo lugar	друго	drúgo
em terceiro lugar	треће	tréće

de repente	изненада	íznenada
no início	у почетку	u počétku
pela primeira vez	први пут	pŕvi put
muito antes de ...	много пре ...	mnógo pre ...
de novo, novamente	поново	pónovo
para sempre	заувек	záuvek

nunca	никад	níkad
de novo	опет	ópet
agora	сада	sáda
frequentemente	често	čésto
então	тада	táda

| urgentemente | хитно | hítno |
| usualmente | обично | óbično |

a propósito, ...	узгред, ...	úzgred, ...
é possível	могуће	móguće
provavelmente	вероватно	vérovatno
talvez	можда	móžda
além disso, ...	осим тога ...	ósim tóga ...
por isso ...	дакле ..., због тога ...	dákle ..., zbog toga ...

| apesar de ... | без обзира на ... | bez óbzira na ... |
| graças a ... | захваљујући ... | zahváljujući ... |

que (pron.)	шта	šta
que (conj.)	да	da
algo	нешто	néšto

| alguma coisa | нешто | néšto |
| nada | ништа | níšta |

quem	ко	ko
alguém (~ teve uma ideia ...)	неко	néko
alguém	неко	néko

| ninguém | нико | níko |
| para lugar nenhum | никуд | níkud |

| de ninguém | ничији | níčiji |
| de alguém | нечији | néčiji |

tão	тако	táko
também (gostaria ~ de ...)	такође	takóđe
também (~ eu)	такође	takóđe

6. Palavras funcionais. Advérbios. Parte 2

Porquê?	Зашто?	Zášto?
por alguma razão	из неког разлога	iz nékog rázloga
porque ...	jeр ..., зато што ...	jer ..., záto što ...
por qualquer razão	из неког разлога	iz nékog rázloga
e (tu ~ eu)	и	i
ou (ser ~ não ser)	или	íli
mas (porém)	али	áli
para (~ a minha mãe)	за	za
demasiado, muito	сувише, превише	súviše, préviše
só, somente	само	sámo
exatamente	тачно	táčno
cerca de (~ 10 kg)	око	óko
aproximadamente	приближно	príbližno
aproximado	приближан	príbližan
quase	скоро	skóro
resto (m)	остало (c)	óstalo
o outro (segundo)	други	drúgi
outro	други	drúgi
cada	свак	svak
qualquer	било који	bílo kóji
muito	много	mnógo
muitas pessoas	многи	mnógi
todos	сви	svi
em troca de ...	у замену за ...	u zámenu za ...
em troca	у замену	u zámenu
à mão	ручно	rúčno
pouco provável	тешко да, једва да	téško da, jédva da
provavelmente	вероватно	vérovatno
de propósito	намерно	námerno
por acidente	случајно	slúčajno
muito	врло	vŕlo
por exemplo	на пример	na prímer
entre	између	ízmeđu
entre (no meio de)	међу	méđu
tanto	толико	tolíko
especialmente	нарочито	náročito

NÚMEROS. DIVERSOS

7. Números cardinais. Parte 1

zero	нула (ж)	núla
um	један	jédan
dois	два	dva
três	три	tri
quatro	четири	čétiri
cinco	пет	pet
seis	шест	šest
sete	седам	sédam
oito	осам	ósam
nove	девет	dévet
dez	десет	déset
onze	једанаест	jedánaest
doze	дванаест	dvánaest
treze	тринаест	trínaest
catorze	четрнаест	četŕnaest
quinze	петнаест	pétnaest
dezasseis	шеснаест	šésnaest
dezassete	седамнаест	sedámnaest
dezoito	осамнаест	osámnaest
dezanove	деветнаест	devétnaest
vinte	двадесет	dvádeset
vinte e um	двадесет и један	dvádeset i jédan
vinte e dois	двадесет и два	dvádeset i dva
vinte e três	двадесет и три	dvádeset i tri
trinta	тридесет	trídeset
trinta e um	тридесет и један	trídeset i jédan
trinta e dois	тридесет и два	trídeset i dva
trinta e três	тридесет и три	trideset i tri
quarenta	четрдесет	četrdéset
quarenta e um	четрдесет и један	četrdéset i jédan
quarenta e dois	четрдесет и два	četrdéset i dva
quarenta e três	четрдесет и три	četrdéset i tri
cinquenta	педесет	pedéset
cinquenta e um	педесет и један	pedéset i jédan
cinquenta e dois	педесет и два	pedéset i dva
cinquenta e três	педесет и три	pedéset i tri
sessenta	шездесет	šezdéset
sessenta e um	шездесет и један	šezdéset i jédan

| sessenta e dois | шездесет и два | šezdéset i dva |
| sessenta e três | шездесет и три | šezdéset i tri |

setenta	седамдесет	sedamdéset
setenta e um	седамдесет и један	sedamdéset i jédan
setenta e dois	седамдесет и два	sedamdéset i dva
setenta e três	седамдесет и три	sedamdéset i tri

oitenta	осамдесет	osamdéset
oitenta e um	осамдесет и један	osamdéset i jédan
oitenta e dois	осамдесет и два	osamdéset i dva
oitenta e três	осамдесет и три	osamdéset i tri

noventa	деведесет	devedéset
noventa e um	деведесет и један	devedéset i jédan
noventa e dois	деведесет и два	devedéset i dva
noventa e três	деведесет и три	devedéset i tri

8. Números cardinais. Parte 2

cem	сто	sto
duzentos	двеста	dvésta
trezentos	триста	trísta
quatrocentos	четиристо	čétiristo
quinhentos	петсто	pétsto

seiscentos	шестсто	šéststo
setecentos	седамсто	sédamsto
oitocentos	осамсто	ósamsto
novecentos	деветсто	dévetsto

mil	хиљада (ж)	híljada
dois mil	две хиљаде	dve híljade
De quem são ...?	три хиљаде	tri híljade
dez mil	десет хиљада	déset híljada
cem mil	сто хиљада	sto híljada
um milhão	милион (м)	milíon
mil milhões	милијарда (ж)	milíjarda

9. Números ordinais

primeiro	први	pŕvi
segundo	други	drúgi
terceiro	трећи	tréći
quarto	четврти	čétvrti
quinto	пети	péti

sexto	шести	šésti
sétimo	седми	sédmi
oitavo	осми	ósmi
nono	девети	déveti
décimo	десети	déseti

CORES. UNIDADES DE MEDIDA

10. Cores

cor (f)	боја (ж)	bója
matiz (m)	нијанса (ж)	nijánsa
tom (m)	тон (м)	ton
arco-íris (m)	дуга (ж)	dúga
branco	бео	béo
preto	црн	cŕn
cinzento	сив	siv
verde	зелен	zélen
amarelo	жут	žut
vermelho	црвен	cŕven
azul	плав	plav
azul claro	светло плав	svétlo plav
rosa	ружичаст	rúžičast
laranja	наранџаст	nárandžast
violeta	љубичаст	ljúbičast
castanho	браон	bráon
dourado	златан	zlátan
prateado	сребрнаст	srébrnast
bege	беж	bež
creme	боје крем	bóje krem
turquesa	тиркизан	tírkizan
vermelho cereja	боје вишње	bóje víšnje
lilás	лила	líla
carmesim	боје малине	bóje máline
claro	светао	svétao
escuro	таман	táman
vivo	јарки	járki
de cor	обојен	óbojen
a cores	у боји	u bóji
preto e branco	црно-бели	cŕno-béli
unicolor	једнобојан	jédnobojan
multicor	разнобојан	ráznobojan

11. Unidades de medida

peso (m)	тежина (ж)	težína
comprimento (m)	дужина (ж)	dužína

18

largura (f)	ширина (ж)	širína
altura (f)	висина (ж)	visína
profundidade (f)	дубина (ж)	dubína
volume (m)	запремина (ж)	zápremina
área (f)	површина (ж)	póvršina

grama (m)	грам (м)	gram
miligrama (m)	милиграм (м)	míligram
quilograma (m)	килограм (м)	kílogram
tonelada (f)	тона (ж)	tóna
libra (453,6 gramas)	фунта (ж)	fúnta
onça (f)	унца (ж)	únca

metro (m)	метар (м)	métar
milímetro (m)	милиметар (м)	mílimetar
centímetro (m)	сантиметар (м)	santimétar
quilómetro (m)	километар (м)	kílometar
milha (f)	миља (ж)	mílja

polegada (f)	палац (м)	pálac
pé (304,74 mm)	стопа (ж)	stópa
jarda (914,383 mm)	јард (м)	jard

| metro (m) quadrado | квадратни метар (м) | kvádratni métar |
| hectare (m) | хектар (м) | héktar |

litro (m)	литар (м)	lítar
grau (m)	степен (м)	stépen
volt (m)	волт (м)	volt
ampere (m)	ампер (м)	ámper
cavalo-vapor (m)	коњска снага (ж)	kónjska snága

quantidade (f)	количина (ж)	kolíčina
um pouco de ...	мало ...	málo ...
metade (f)	половина (ж)	polóvina
dúzia (f)	туце (с)	túce
peça (f)	комад (м)	kómad

| dimensão (f) | величина (ж) | veličína |
| escala (f) | размер (м) | rázmer |

mínimo	минималан	mínimalan
menor, mais pequeno	најмањи	nájmanji
médio	средњи	srédnji
máximo	максималан	máksimalan
maior, mais grande	највећи	nájveći

12. Recipientes

boião (m) de vidro	тегла (ж)	tégla
lata (~ de cerveja)	лименка (ж)	límenka
balde (m)	ведро (в)	védro
barril (m)	буре (с)	búre
bacia (~ de plástico)	лавор (м)	lávor

tanque (m)	резервоар (м)	rezervóar
cantil (m) de bolso	чутурица (ж)	čúturica
bidão (m) de gasolina	канта (ж) за гориво	kánta za górivo
cisterna (f)	цистерна (ж)	cistérna
caneca (f)	кригла (ж)	krígla
chávena (f)	шоља (ж)	šólja
pires (m)	тацна (ж)	tácna
copo (m)	чаша (ж)	čáša
taça (f) de vinho	чаша (ж) за вино	čáša za víno
panela, caçarola (f)	шерпа (ж), лонац (м)	šerpa, lónac
garrafa (f)	боца, флаша (ж)	bóca, fláša
gargalo (m)	врат (м)	vrat
jarro, garrafa (f)	бокал (м)	bókal
jarro (m) de barro	крчаг (м)	kŕčag
recipiente (m)	суд (м)	sud
pote (m)	лонац (м)	lónac
vaso (m)	ваза (ж)	váza
frasco (~ de perfume)	боца (ж)	bóca
frasquinho (ex. ~ de iodo)	бочица (ж)	bóčica
tubo (~ de pasta dentífrica)	туба (ж)	túba
saca (ex. ~ de açúcar)	џак (м)	džak
saco (~ de plástico)	кеса (ж)	késa
maço (m)	паковање (с)	pákovanje
caixa (~ de sapatos, etc.)	кутија (ж)	kútija
caixa (~ de madeira)	сандук (м)	sánduk
cesta (f)	корпа (ж)	kórpa

VERBOS PRINCIPAIS

13. Os verbos mais importantes. Parte 1

abrir (vt)	отварати (пг)	otvárati
acabar, terminar (vt)	завршавати (пг)	završávati
aconselhar (vt)	саветовати (пг)	sávetovati
adivinhar (vt)	погодити (пг)	pogóditi
advertir (vt)	упозоравати (пг)	upozorávati
ajudar (vt)	помагати (пг)	pomágati
almoçar (vi)	ручати (нг)	rúčati
alugar (~ um apartamento)	изнајмити (пг)	iznájmiti
ameaçar (vt)	претити (нг)	prétiti
anotar (escrever)	записивати (пг)	zapisívati
apanhar (vt)	ловити (пг)	lóviti
apressar-se (vr)	журити се	žúriti se
arrepender-se (vr)	жалити (нг)	žáliti
assinar (vt)	потписивати (пг)	potpisívati
atirar, disparar (vi)	пуцати (нг)	púcati
brincar (vi)	шалити се	šáliti se
brincar, jogar (crianças)	играти (нг)	ígrati
buscar (vt)	тражити (пг)	trážiti
caçar (vi)	ловити (пг)	lóviti
cair (vi)	падати (нг)	pádati
cavar (vt)	копати (пг)	kópati
cessar (vt)	прекидати (пг)	prekídati
chamar (~ por socorro)	звати (пг)	zváti
chegar (vi)	стизати (нг)	stízati
chorar (vi)	плакати (нг)	plákati
começar (vt)	почињати (нг, пг)	póčinjati
comparar (vt)	упоређивати (пг)	upoređívati
compreender (vt)	разумевати (пг)	razumévati
concordar (vi)	слагати се	slágati se
confiar (vt)	веровати (пг)	vérovati
confundir (equivocar-se)	бркати (пг)	bŕkati
conhecer (vt)	знати (пг)	znáti
contar (fazer contas)	рачунати (пг)	račúnati
contar com (esperar)	рачунати на ...	račúnati na ...
continuar (vt)	настављати (пг)	nástavljati
controlar (vt)	контролисати (пг)	kontrólisati
convidar (vt)	позивати (пг)	pozívati
correr (vi)	трчати (нг)	tŕčati
criar (vt)	створити (пг)	stvóriti
custar (vt)	коштати (нг)	kóštati

14. Os verbos mais importantes. Parte 2

dar (vt)	давати (пг)	dávati
dar uma dica	дати миг	dáti mig
decorar (enfeitar)	украшавати (пг)	ukrašávati
defender (vt)	штитити (пг)	štítiti
deixar cair (vt)	испуштати (пг)	ispúštati
descer (para baixo)	спуштати се	spúštati se
desculpar (vt)	извињавати (пг)	izvinjávati
desculpar-se (vr)	извињавати се	izvinjávati se
dirigir (~ uma empresa)	руководити (пг)	rukovóditi
discutir (notícias, etc.)	расправљати (пг)	ráspravljati
dizer (vt)	рећи (пг)	réći
duvidar (vt)	сумњати (нг)	súmnjati
encontrar (achar)	наћи (пг)	náći
enganar (vt)	обмањивати (пг)	obmanjívati
entrar (na sala, etc.)	ући, улазити (нг)	úći, úlaziti
enviar (uma carta)	слати (пг)	sláti
errar (equivocar-se)	грешити (нг)	gréšiti
escolher (vt)	бирати (пг)	bírati
esconder (vt)	крити (пг)	kríti
escrever (vt)	писати (пг)	písati
esperar (o autocarro, etc.)	чекати (нг, пг)	čékati
esperar (ter esperança)	надати се	nádati se
esquecer (vt)	заборављати (нг, пг)	zabóravljati
estudar (vt)	студирати (пг)	studírati
exigir (vt)	захтевати, тражити	zahtévati, trážiti
existir (vi)	постојати (нг)	póstojati
explicar (vt)	објашњавати (пг)	objašnjávati
falar (vi)	говорити (нг)	govóriti
faltar (clases, etc.)	пропуштати (пг)	propúštati
fazer (vt)	радити (пг)	ráditi
ficar em silêncio	ћутати (нг)	ćútati
gabar-se, jactar-se (vr)	хвалисати се	hválisati se
gostar (apreciar)	свиђати се	svíđati se
gritar (vi)	викати (нг)	víkati
guardar (cartas, etc.)	чувати (пг)	čúvati
informar (vt)	информисати (пг)	infórmisati
insistir (vi)	инсистирати (нг)	insistírati
insultar (vt)	вређати (пг)	vréđati
interessar-se (vr)	интересовати се	ínteresovati se
ir (a pé)	ићи (нг)	íći
ir nadar	купати се	kúpati se
jantar (vi)	вечерати (нг)	véčerati

15. Os verbos mais importantes. Parte 3

ler (vt)	читати (нг, пг)	čítati
libertar (cidade, etc.)	ослобађати (пг)	oslobáđati

matar (vt)	убијати (нг)	ubíjati
mencionar (vt)	спомињати (nr)	spóminjati
mostrar (vt)	показивати (nr)	pokazívati

mudar (modificar)	променити (nr)	proméniti
nadar (vi)	пливати (нг)	plívati
negar-se a ...	одбијати се	odbíjati se
objetar (vt)	приговарати (нг)	prigovárati

observar (vt)	посматрати (нг)	posmátrati
ordenar (mil.)	наређивати (nr)	naređívati
ouvir (vt, nr)	чути (нг, nr)	čúti
pagar (vt)	платити (нг, nr)	plátiti
parar (vi)	заустављати се	zaústavljati se

participar (vi)	учествовати (нг)	účestvovati
pedir (comida)	наручивати (nr)	naručívati
pedir (um favor, etc.)	молити (nr)	móliti
pegar (tomar)	узети (nr)	úzeti
pensar (vt)	мислити (нг)	mísliti

perceber (ver)	запажати (nr)	zapážati
perdoar (vt)	опраштати (nr)	opráštati
perguntar (vt)	питати (nr)	pítati
permitir (vt)	дозвољавати (нг, nr)	dozvoljávati
pertencer a ...	припадати (нг)	prípadati

planear (vt)	планирати (nr)	planírati
poder (vi)	моћи (нг)	móći
possuir (vt)	поседовати (nr)	pósedovati
preferir (vt)	преферирати (nr)	preferírati
preparar (vt)	кувати (nr)	kúvati

prever (vt)	предвиђати (nr)	predvíđati
prometer (vt)	обећати (nr)	obéćati
pronunciar (vt)	изговарати (nr)	izgovárati
propor (vt)	предлагати (nr)	predlágati
punir (castigar)	кажњавати (nr)	kažnjávati

16. Os verbos mais importantes. Parte 4

quebrar (vt)	ломити (nr)	lómiti
queixar-se (vr)	жалити се	žáliti se
querer (desejar)	хтети (nr)	htéti
recomendar (vt)	препоручивати (nr)	preporučívati
repetir (dizer outra vez)	понављати (nr)	ponávljati

repreender (vt)	грдити (nr)	gŕditi
reservar (~ um quarto)	резервисати (nr)	rezervísati
responder (vt)	одговарати (нг, nr)	odgovárati
rezar, orar (vi)	молити се	móliti se
rir (vi)	смејати се	sméjati se
roubar (vt)	красти (nr)	krásti
saber (vt)	знати (nr)	znáti

sair (~ de casa)	изаћи (нг)	ízaći
salvar (vt)	спасавати (пг)	spasávati
seguir ...	пратити (пг)	prátiti
sentar-se (vr)	седати (нг)	sédati
ser necessário	бити потребан	bíti pótreban
ser, estar	бити (нг, пг)	bíti
significar (vt)	значити (нг)	znáčiti
sorrir (vi)	осмехивати се	osmehívati se
subestimar (vt)	подцењивати (пг)	podcenjívati
surpreender-se (vr)	чудити се	čúditi se
tentar (vt)	пробати (нг)	próbati
ter (vt)	имати (пг)	ímati
ter fome	бити гладан	bíti gládan
ter medo	плашити се	plášiti se
ter sede	бити жедан	bíti žédan
tocar (com as mãos)	дирати (пг)	dírati
tomar o pequeno-almoço	доручковати (нг)	dóručkovati
trabalhar (vi)	радити (нг)	ráditi
traduzir (vt)	преводити (пг)	prevóditi
unir (vt)	уједињавати (пг)	ujedinjávati
vender (vt)	продавати (пг)	prodávati
ver (vt)	видети (пг)	vídeti
virar (ex. ~ à direita)	скретати (нг)	skrétati
voar (vi)	летети (нг)	léteti

TEMPO. CALENDÁRIO

17. Dias da semana

segunda-feira (f)	понедељак (м)	ponédeljak
terça-feira (f)	уторак (м)	útorak
quarta-feira (f)	среда (ж)	sréda
quinta-feira (f)	четвртак (м)	četvŕtak
sexta-feira (f)	петак (м)	pétak
sábado (m)	субота (ж)	súbota
domingo (m)	недеља (ж)	nédelja

hoje	данас	dánas
amanhã	сутра	sútra
depois de amanhã	прекосутра	prékosutra
ontem	jуче	júče
anteontem	прекјуче	prékjuče

dia (m)	дан (м)	dan
dia (m) de trabalho	радни дан (м)	rádni dan
feriado (m)	празничан дан (м)	prázničan dan
dia (m) de folga	слободан дан (м)	slóbodan dan
fim (m) de semana	викенд (м)	víkend

o dia todo	цео дан	céo dan
no dia seguinte	следећег дана, сутра	slédećeg dána, sútra
há dois dias	пре два дана	pre dva dána
na véspera	уочи	úoči
diário	свакодневан	svákodnevan
todos os dias	свакодневно	svákodnevno

semana (f)	недеља (ж)	nédelja
na semana passada	прошле недеље	próšle nédelje
na próxima semana	следеће недеље	slédeće nédelje
semanal	недељни	nédeljni
cada semana	недељно	nédeljno
duas vezes por semana	два пута недељно	dva púta nédeljno
cada terça-feira	сваког уторка	svákog útorka

18. Horas. Dia e noite

manhã (f)	jутро (c)	jútro
de manhã	уjутру	újutru
meio-dia (m)	подне (c)	pódne
à tarde	поподне	popódne

| noite (f) | вече (c) | véče |
| à noite (noitinha) | увече | úveče |

noite (f)	ноћ (ж)	noć
à noite	ноћу	noću
meia-noite (f)	поноћ (ж)	pónoć

segundo (m)	секунд (м)	sékund
minuto (m)	минут (ж)	mínut
hora (f)	сат (м)	sat
meia hora (f)	пола сата	póla sáta
quarto (m) de hora	четврт сата	čétvrt sáta
quinze minutos	петнаест минута	pétnaest minúta
vinte e quatro horas	двадесет четири сата	dvádeset čétiri sáta

nascer (m) do sol	излазак (м) сунца	ízlazak súnca
amanhecer (m)	свануће (с)	svanúće
madrugada (f)	рано јутро (с)	ráno jútro
pôr do sol (m)	залазак (м) сунца	zálazak súnca

de madrugada	рано ујутру	ráno újutru
hoje de manhã	јутрос	jútros
amanhã de manhã	сутра ујутру	sútra újutru

hoje à tarde	овог поподнева	óvog popódneva
à tarde	поподне	popódne
amanhã à tarde	сутра поподне	sútra popódne

| hoje à noite | вечерас | večéras |
| amanhã à noite | сутра увече | sútra úveče |

às três horas em ponto	тачно у три сата	táčno u tri sáta
por volta das quatro	око четири сата	óko čétiri sáta
às doze	до дванаест сати	do dvánaest sáti

dentro de vinte minutos	за двадесет минута	za dvádeset minúta
dentro duma hora	за сат времена	za sat vrémena
a tempo	навреме	návreme

menos um quarto	четвртина до	četvŕtina do
durante uma hora	за сат времена	za sat vrémena
a cada quinze minutos	сваких петнаест минута	svákih pétnaest minúta
as vinte e quatro horas	дан и ноћ	dan i noć

19. Meses. Estações

janeiro (m)	јануар (м)	jánuar
fevereiro (m)	фебруар (м)	fébruar
março (m)	март (м)	mart
abril (m)	април (м)	ápril
maio (m)	мај (м)	maj
junho (m)	јун, јуни (м)	jun, júni

julho (m)	јули (м)	júli
agosto (m)	август (м)	ávgust
setembro (m)	септембар (м)	séptembar
outubro (m)	октобар (м)	óktobar

novembro (m)	новембар (м)	nóvembar
dezembro (m)	децембар (м)	décembar
primavera (f)	пролеће (c)	próleće
na primavera	у пролеће	u próleće
primaveril	пролећни	prólećni
verão (m)	лето (c)	léto
no verão	лети	léti
de verão	летни	létni
outono (m)	јесен (ж)	jésen
no outono	у јесен	u jésen
outonal	јесењи	jésenji
inverno (m)	зима (ж)	zíma
no inverno	зими	zími
de inverno	зимски	zímski
mês (m)	месец (м)	mésec
este mês	овог месеца	óvog méseca
no próximo mês	следећег месеца	slédećeg méseca
no mês passado	прошлог месеца	próšlog méseca
há um mês	пре месец дана	pre mésec dána
dentro de um mês	за месец дана	za mésec dána
dentro de dois meses	за два месеца	za dva meséca
todo o mês	цео месец	céo mésec
um mês inteiro	цео месец	céo mésec
mensal	месечни	mésečni
mensalmente	месечно	mésečno
cada mês	сваког месеца	svákog méseca
duas vezes por mês	два пута месечно	dva púta mésečno
ano (m)	година (ж)	gódina
este ano	ове године	óve gódine
no próximo ano	следеће године	slédeće gódine
no ano passado	прошла година	próšla gódina
há um ano	пре годину дана	pre gódinu dána
dentro dum ano	за годину дана	za gódinu dána
dentro de 2 anos	за две године	za dve gódine
todo o ano	цела година	céla gódina
um ano inteiro	цела година	céla gódina
cada ano	сваке године	sváke gódine
anual	годишњи	gódišnji
anualmente	годишње	gódišnje
quatro vezes por ano	четири пута годишње	četíri púta gódišnje
data (~ de hoje)	датум (м)	dátum
data (ex. ~ de nascimento)	датум (м)	dátum
calendário (m)	календар (м)	kaléndar
meio ano	пола године	póla gódine
seis meses	полугодиште (c)	polugódište

| estação (f) | сезона (ж) | sezóna |
| século (m) | век (м) | vek |

VIAGENS. HOTEL

20. Viagens

turismo (m)	туризам (м)	turízam
turista (m)	туриста (м)	turísta
viagem (f)	путовање (с)	putovánje
aventura (f)	авантура (ж)	avantúra
viagem (f)	путовање (с)	putovánje
férias (f pl)	одмор (м)	ódmor
estar de férias	бити на годишњем одмору	bíti na gódišnjem ódmoru
descanso (m)	одмор (м)	ódmor
comboio (m)	воз (м)	voz
de comboio (chegar ~)	возом	vózom
avião (m)	авион (м)	avíon
de avião	авионом	aviónom
de carro	колима, аутом	kólima, áutom
de navio	бродом	bródom
bagagem (f)	пртљаг (м)	pŕtljag
mala (f)	кофер (м)	kófer
carrinho (m)	колица (мн) за пртљаг	kolíca za pŕtljag
passaporte (m)	пасош (м)	pásoš
visto (m)	виза (ж)	víza
bilhete (m)	карта (ж)	kárta
bilhete (m) de avião	авионска карта (ж)	aviónska kárta
guia (m) de viagem	водич (м)	vódič
mapa (m)	мапа (ж)	mápa
local (m), area (f)	подручје (с)	pódručje
lugar, sítio (m)	место (с)	mésto
exotismo (m)	егзотика (ж)	egzótika
exótico	егзотичан	egzótičan
surpreendente	диван	dívan
grupo (m)	група (ж)	grúpa
excursão (f)	екскурзија (ж)	ekskúrzija
guia (m)	водич (м)	vódič

21. Hotel

hotel (m)	хотел (м)	hôtel
motel (m)	мотел (м)	môtel

três estrelas	три звездице	tri zvézdice
cinco estrelas	пет звездица	pet zvézdica
ficar (~ num hotel)	одсести (нг)	ódsesti
quarto (m)	соба (ж)	sóba
quarto (m) individual	једнокреветна соба (ж)	jédnokrevetna sóba
quarto (m) duplo	двокреветна соба (ж)	dvókrevetna sóba
reservar um quarto	резервисати собу	rezervísati sóbu
meia pensão (f)	полупансион (м)	polupansíon
pensão (f) completa	пун пансион (м)	pun pansíon
com banheira	са кадом	sa kádom
com duche	са тушем	sa túšem
televisão (m) satélite	сателитска телевизија (ж)	satelítska televízija
ar (m) condicionado	клима (ж)	klíma
toalha (f)	пешкир (м)	péškir
chave (f)	кључ (м)	ključ
administrador (m)	администратор (м)	administrátor
camareira (f)	собарица (ж)	sóbarica
bagageiro (m)	носач (м)	nósač
porteiro (m)	вратар (м)	vrátar
restaurante (m)	ресторан (м)	restóran
bar (m)	бар (м)	bar
pequeno-almoço (m)	доручак (м)	dóručak
jantar (m)	вечера (ж)	véčera
buffet (m)	шведски сто (м)	švédski sto
hall (m) de entrada	фоаје (м)	foáje
elevador (m)	лифт (м)	lift
NÃO PERTURBE	НЕ УЗНЕМИРАВАТИ	NE UZNEMIRAVATI
PROIBIDO FUMAR!	ЗАБРАЊЕНО ПУШЕЊЕ	ZABRANJENO PUŠENJE

22. Turismo

monumento (m)	споменик (м)	spómenik
fortaleza (f)	тврђава (ж)	tvŕđava
palácio (m)	палата (ж)	paláta
castelo (m)	замак (м)	zámak
torre (f)	кула (ж)	kúla
mausoléu (m)	маузолеј (м)	mauzólej
arquitetura (f)	архитектура (ж)	arhitektúra
medieval	средњовековни	srednjovékovni
antigo	старински	starínski
nacional	национални	nacionálni
conhecido	чувен	čúven
turista (m)	туриста (м)	turísta
guia (pessoa)	водич (м)	vódič
excursão (f)	екскурзија (ж)	ekskúrzija

mostrar (vt)	показивати (пг)	pokazívati
contar (vt)	причати (пг)	príčati
encontrar (vt)	наћи (пг)	náći
perder-se (vr)	изгубити се	izgúbiti se
mapa (~ do metrô)	мапа (ж)	mápa
mapa (~ da cidade)	план (м)	plan
lembrança (f), presente (m)	сувенир (м)	suvénir
loja (f) de presentes	продавница (ж) сувенира	pródavnica suveníra
fotografar (vt)	сликати (пг)	slíkati
fotografar-se	сликати се	slíkati se

TRANSPORTES

23. Aeroporto

aeroporto (m)	аеродром (м)	aeródrom
avião (m)	авион (м)	avíon
companhia (f) aérea	авио-компанија (ж)	ávio-kompánija
controlador (m) de tráfego aéreo	контролор (м) лета	kontrólor léta
partida (f)	полазак (м)	pólazak
chegada (f)	долазак (м)	dólazak
chegar (~ de avião)	долетети (нг)	doléteti
hora (f) de partida	време (с) поласка	vréme pólaska
hora (f) de chegada	време (с) доласка	vréme dólaska
estar atrasado	каснити (нг)	kásniti
atraso (m) de voo	кашњење (с) лета	kášnjenje léta
painel (m) de informação	информативна табла (ж)	ínformativna tábla
informação (f)	информација (ж)	informácija
anunciar (vt)	објављивати (нг)	objavljívati
voo (m)	лет (м)	let
alfândega (f)	царина (ж)	cárina
funcionário (m) da alfândega	цариник (м)	cárinik
declaração (f) alfandegária	царинска декларација (ж)	cárinska deklarácija
preencher (vt)	попунити (пг)	pópuniti
preencher a declaração	попунити декларацију	pópuniti deklaráciju
controlo (m) de passaportes	пасошка контрола (ж)	pásoška kontróla
bagagem (f)	пртљаг (м)	pŕtljag
bagagem (f) de mão	ручни пртљаг (м)	rúčni pŕtljag
carrinho (m)	колица (мн) за пртљаг	kolíca za pŕtljag
aterragem (f)	слетање (с)	slétanje
pista (f) de aterragem	писта (ж) за слетање	písta za slétanje
aterrar (vi)	спуштати се	spúštati se
escada (f) de avião	степенице (мн)	stépenice
check-in (m)	регистрација (ж), чекирање (с)	registrácija, čekíranje
balcão (m) do check-in	шалтер (м) за чекирање	šálter za čekíranje
fazer o check-in	пријавити се	prijáviti se
cartão (m) de embarque	бординг карта (ж)	bórding kárta
porta (f) de embarque	излаз (м)	ízlaz
trânsito (m)	транзит (м)	tránzit
esperar (vi, vt)	чекати (нг, пг)	čékati

sala (f) de espera	чекаоница (ж)	čekaónica
despedir-se de ...	пратити (пг)	prátiti
despedir-se (vr)	опраштати се	opráštati se

24. Avião

avião (m)	авион (м)	avíon
bilhete (m) de avião	авионска карта (ж)	aviónska kárta
companhia (f) aérea	авио-компанија (ж)	ávio-kompánija
aeroporto (m)	аеродром (м)	aeródrom
supersónico	суперсоничан	supersóničan

comandante (m) do avião	капетан (м) авиона	kapétan avíona
tripulação (f)	посада (ж)	pósada
piloto (m)	пилот (м)	pílot
hospedeira (f) de bordo	стјуардеса (ж)	stjuardésa
copiloto (m)	навигатор (м)	navígator

asas (f pl)	крила (мн)	kríla
cauda (f)	реп (м)	rep
cabine (f) de pilotagem	кабина (ж)	kabína
motor (m)	мотор (м)	mótor
trem (m) de aterragem	шасија (ж)	šásija
turbina (f)	турбина (ж)	turbína

| hélice (f) | пропелер (м) | propéler |
| caixa-preta (f) | црна кутија (ж) | cŕna kútija |

| coluna (f) de controlo | управљач (м) | uprávljač |
| combustível (m) | гориво (м) | górivo |

instruções (f pl) de segurança	упутство (c) за ванредне ситуације	úputstvo za vanredne situácije
máscara (f) de oxigénio	маска (ж) за кисеоник	máska za kiseónik
uniforme (m)	униформа (ж)	úniforma

| colete (m) salva-vidas | прслук (м) за спасавање | pŕsluk za spásavanje |
| paraquedas (m) | падобран (м) | pádobran |

descolagem (f)	полетање, узлетање (c)	polétanje, uzlétanje
descolar (vi)	полетати (нг)	polétati
pista (f) de descolagem	писта (ж)	písta

| visibilidade (f) | видљивост (ж) | vídljivost |
| voo (m) | лет (м) | let |

| altura (f) | висина (ж) | visína |
| poço (m) de ar | ваздушни џеп (м) | vázdušni džep |

assento (m)	седиште (c)	sédište
auscultadores (m pl)	слушалице (мн)	slúšalice
mesa (f) rebatível	сточић (м) на расклапање	stóčić na rasklápanje
vigia (f)	прозор (м)	prózor
passagem (f)	пролаз (м)	prólaz

25. Comboio

comboio (m)	воз (м)	voz
comboio (m) suburbano	електрични воз (м)	eléktrični voz
comboio (m) rápido	брзи воз (м)	bŕzi voz
locomotiva (f) diesel	дизел локомотива (ж)	dízel lokomotíva
locomotiva (f) a vapor	парна локомотива (ж)	párna lokomotíva

| carruagem (f) | вагон (м) | vágon |
| carruagem restaurante (f) | вагон ресторан (м) | vágon restóran |

carris (m pl)	шине (мн)	šíne
caminho de ferro (m)	железница (ж)	žéleznica
travessa (f)	праг (м)	prag

plataforma (f)	перон (м)	péron
linha (f)	колосек (м)	kólosek
semáforo (m)	семафор (м)	sémafor
estação (f)	станица (ж)	stánica

maquinista (m)	машиновоћа (м)	mašinóvođa
bagageiro (m)	носач (м)	nósač
hospedeiro, -a (da carruagem)	послужитељ (м) у возу	poslúžitelj u vózu
passageiro (m)	путник (м)	pútnik
revisor (m)	контролер (м)	kontróler

| corredor (m) | ходник (м) | hódnik |
| freio (m) de emergência | кочница (ж) | kóčnica |

compartimento (m)	купе (м)	kúpe
cama (f)	лежај (м)	léžaj
cama (f) de cima	горњи лежај (м)	górnji léžaj
cama (f) de baixo	доњи лежај (м)	dónji léžaj
roupa (f) de cama	постељина (ж)	posteljína

bilhete (m)	карта (ж)	kárta
horário (m)	ред (м) вожње	red vóžnje
painel (m) de informação	табла (ж)	tábla

partir (vt)	одлазити (нг)	ódlaziti
partida (f)	полазак (м)	pólazak
chegar (vi)	долазити (нг)	dólaziti
chegada (f)	долазак (м)	dólazak

chegar de comboio	доћи возом	dóći vózom
apanhar o comboio	сести у воз	sésti u voz
sair do comboio	сићи с воза	síći s vóza

acidente (m) ferroviário	железничка несрећа (ж)	žéleznička nésreća
descarrilar (vi)	исклизнути из шина	ískliznuti iz šína
locomotiva (f) a vapor	парна локомотива (ж)	párna lokomotíva
fogueiro (m)	ложач (м)	lóžač
fornalha (f)	ложиште (с)	lóžište
carvão (m)	угаљ (м)	úgalj

26. Barco

navio (m)	брод (м)	brod
embarcação (f)	брод (м)	brod
vapor (m)	пароброд (м)	párobrod
navio (m)	речни брод (м)	réčni brod
transatlântico (m)	прекоокеански брод (м)	prekookéanski brod
cruzador (m)	крстарица (ж)	krstárica
iate (m)	jaхта (ж)	jáhta
rebocador (m)	тегљач (м)	tégljač
barcaça (f)	шлеп (м)	šlép
ferry (m)	трајект (м)	trájekt
veleiro (m)	jeдрењак (м)	jedrénjak
bergantim (m)	бригантина (ж)	brigantína
quebra-gelo (m)	ледоломац (м)	ledolómac
submarino (m)	подморница (ж)	pódmornica
bote, barco (m)	чамац (м)	čámac
bote, dingue (m)	чамац (м)	čámac
bote (m) salva-vidas	чамац (м) за спасавање	čámac za spásavanje
lancha (f)	моторни брод (м)	mótorni brod
capitão (m)	капетан (м)	kapétan
marinheiro (m)	морнар (м)	mórnar
marujo (m)	поморац, морнар (м)	pómorac, mórnar
tripulação (f)	посада (ж)	pósada
contramestre (m)	вођа (м) палубе	vóđa pálube
grumete (m)	бродски момак (м)	bródski mómak
cozinheiro (m) de bordo	кувар (м)	kúvar
médico (m) de bordo	бродски лекар (м)	bródski lékar
convés (m)	палуба (ж)	páluba
mastro (m)	jaрбол (м)	járbol
vela (f)	jeдро (с)	jédro
porão (m)	потпалубље (с)	pótpalublje
proa (f)	прамац (м)	prámac
popa (f)	крма (ж)	kŕma
remo (m)	весло (с)	véslo
hélice (f)	бродски пропелер (м)	bródski propéler
camarote (m)	кабина (ж)	kabína
sala (f) dos oficiais	официрска менза (ж)	ofícirska ménza
sala (f) das máquinas	стројарница (ж)	strójarnica
ponte (m) de comando	капетански мост (м)	kapétanski most
sala (f) de comunicações	радио кабина (ж)	rádio kabína
onda (f) de rádio	талас (м)	tálas
diário (m) de bordo	бродски дневник (м)	bródski dnévnik
luneta (f)	дурбин (м)	dúrbin
sino (m)	звоно (с)	zvóno

bandeira (f)	застава (ж)	zástava
cabo (m)	конопац (м)	kónopac
nó (m)	чвор (м)	čvor
corrimão (m)	рукохват (м)	rúkohvat
prancha (f) de embarque	рампа (ж)	rámpa
âncora (f)	сидро (с)	sídro
recolher a âncora	дићи сидро	díći sídro
lançar a âncora	спустити сидро	spústiti sídro
amarra (f)	сидрени ланац (м)	sídreni lánac
porto (m)	лука (ж)	lúka
cais, amarradouro (m)	пристаниште (с)	prístanište
atracar (vi)	пристајати (нг)	prístajati
desatracar (vi)	отпловити (нг)	otplóviti
viagem (f)	путовање (с)	putovánje
cruzeiro (m)	крстарење (с)	krstárenje
rumo (m), rota (f)	правац, курс (м)	právac, kurs
itinerário (m)	маршрута (ж)	maršrúta
canal (m) navegável	пловни пут (м)	plóvni put
banco (m) de areia	плићак (м)	plíćak
encalhar (vt)	насукати се	násukati se
tempestade (f)	олуја (ж)	olúja
sinal (m)	сигнал (м)	sígnal
afundar-se (vr)	тонути (нг)	tónuti
Homem ao mar!	Човек у мору!	Čóvek u móru!
SOS	СОС	SOS
boia (f) salva-vidas	појас (м) за спасавање	pójas za spasávanje

CIDADE

autocarro (m)	аутобус (м)	autóbus
elétrico (m)	трамвај (м)	trámvaj
troleicarro (m)	тролејбус (м)	troléjbus
itinerário (m)	маршрута (ж)	maršrúta
número (m)	број (м)	broj
ir de ... (carro, etc.)	ићи ...	ići ...
entrar (~ no autocarro)	ући у ...	úći u ...
descer de ...	сићи (нг), изаћи из ...	síći, ízaći iz ...
paragem (f)	станица (ж)	stánica
próxima paragem (f)	следећа станица (ж)	slédeća stánica
ponto (m) final	последња станица (ж)	póslednja stánica
horário (m)	ред (м) вожње	red vóžnje
esperar (vt)	чекати (нг, пг)	čékati
bilhete (m)	карта (ж)	kárta
custo (m) do bilhete	цена (ж) карте	céna kárte
bilheteiro (m)	благајник (м)	blágajnik
controlo (m) dos bilhetes	контрола (ж)	kontróla
revisor (m)	контролер (м)	kontróler
atrasar-se (vr)	каснити (нг)	kásniti
perder (o autocarro, etc.)	пропустити (пг)	propústiti
estar com pressa	журити (нг)	žúriti
táxi (m)	такси (м)	táksi
taxista (m)	таксиста (м)	táksista
de táxi (ir ~)	таксијем	táksijem
praça (f) de táxis	такси станица (ж)	táksi stánica
chamar um táxi	позвати такси	pózvati táksi
apanhar um táxi	узети такси	úzeti taksi
tráfego (m)	саобраћај (м)	sáobraćaj
engarrafamento (m)	гужва (ж)	gúžva
horas (f pl) de ponta	шпиц (м)	špic
estacionar (vi)	паркирати се	parkírati se
estacionar (vt)	паркирати (пг)	parkírati
parque (m) de estacionamento	паркиралиште (с)	parkíralište
metro (m)	метро (м)	métro
estação (f)	станица (ж)	stánica
ir de metro	ићи метроом	ići metróom
comboio (m)	воз (м)	voz
estação (f)	железничка станица (ж)	žéleznička stánica

28. Cidade. Vida na cidade

cidade (f)	град (м)	grad
capital (f)	главни град (м), престоница (ж)	glávni grad, préstonica
aldeia (f)	село (с)	sélo
mapa (m) da cidade	план (м) града	plan gráda
centro (m) da cidade	центар (м) града	céntar gráda
subúrbio (m)	предграђе (с)	prédgrađe
suburbano	приградски	prígradski
periferia (f)	предграђе (с)	prédgrađe
arredores (m pl)	околина (ж)	ókolina
quarteirão (m)	четврт (ж)	četvrt
quarteirão (m) residencial	стамбена четврт (ж)	stámbena četvrt
tráfego (m)	саобраћај (м)	sáobraćaj
semáforo (m)	семафор (м)	sémafor
transporte (m) público	градски превоз (м)	grádski prévoz
cruzamento (m)	раскрсница (ж)	ráskrsnica
passadeira (f)	пешачки прелаз (м)	péšački prélaz
passagem (f) subterrânea	подземни пролаз (м)	pódzemni prólaz
cruzar, atravessar (vt)	прелазити (пг)	prélaziti
peão (m)	пешак (м)	péšak
passeio (m)	тротоар (м)	trotóar
ponte (f)	мост (м)	most
margem (f) do rio	кеј (м)	kej
fonte (f)	чесма (ж)	čésma
alameda (f)	алеја (ж)	aléja
parque (m)	парк (м)	park
bulevar (m)	булевар (м)	bulévar
praça (f)	трг (м)	tŕg
avenida (f)	авенија (ж)	avénija
rua (f)	улица (ж)	úlica
travessa (f)	споредна улица (ж)	spóredna úlica
beco (m) sem saída	ћорсокак (м)	ćorsókak
casa (f)	кућа (ж)	kúća
edifício, prédio (m)	зграда (ж)	zgráda
arranha-céus (m)	небодер (м)	néboder
fachada (f)	фасада (ж)	fasáda
telhado (m)	кров (м)	krov
janela (f)	прозор (м)	prózor
arco (m)	лук (м)	luk
coluna (f)	колона (ж)	kolóna
esquina (f)	угао, ћошак (м)	úgao, ćóšak
montra (f)	излог (м)	ízlog
letreiro (m)	натпис (м)	nátpis
cartaz (m)	плакат (м)	plákat

cartaz (m) publicitário	рекламни постер (м)	réklamni póster
painel (m) publicitário	билборд (м)	bílbord
lixo (m)	смеће, ђубре (c)	smeće, đúbre
cesta (f) do lixo	корпа (ж) за смеће	kórpa za sméće
jogar lixo na rua	бацати ђубре	bácati đúbre
aterro (m) sanitário	депонија (ж)	depónija
cabine (f) telefónica	говорница (ж)	góvornica
candeeiro (m) de rua	стуб (м)	stub
banco (m)	клупа (ж)	klúpa
polícia (m)	полицајац (м)	policájac
polícia (instituição)	полиција (ж)	polícija
mendigo (m)	просјак (м)	prósjak
sem-abrigo (m)	бескућник (м)	béskućnik

29. Instituições urbanas

loja (f)	продавница (ж)	pródavnica
farmácia (f)	апотека (ж)	apotéka
ótica (f)	оптика (ж)	óptika
centro (m) comercial	тржни центар (м)	tŕžni céntar
supermercado (m)	супермаркет (м)	supermárket
padaria (f)	пекара (ж)	pékara
padeiro (m)	пекар (м)	pékar
pastelaria (f)	посластичарница (ж)	poslastičárnica
mercearia (f)	бакалница (ж)	bakálnica
talho (m)	месара (ж)	mésara
loja (f) de legumes	пиљарница (ж)	píljarnica
mercado (m)	пијаца (ж)	píjaca
café (m)	кафић (м), кафана (ж)	káfić, kafána
restaurante (m)	ресторан (м)	restóran
bar (m), cervejaria (f)	пивница (ж)	pívnica
pizzaria (f)	пицерија (ж)	picérija
salão (m) de cabeleireiro	фризерски салон (м)	frízerski sálon
correios (m pl)	пошта (ж)	póšta
lavandaria (f)	хемијско чишћење (c)	hémijsko číšćenje
estúdio (m) fotográfico	фото атеље (м)	fóto atélje
sapataria (f)	продавница (ж) обуће	pródavnica óbuće
livraria (f)	књижара (ж)	knjížara
loja (f) de artigos de desporto	спортска радња (ж)	spórtska rádnja
reparação (f) de roupa	поправка (ж) одеће	pópravka ódeće
aluguer (m) de roupa	изнајмљивање (c) одеће	iznajmljívanje ódeće
aluguer (m) de filmes	изнајмљивање (c) филмова	iznajmljívanje fílmova
circo (m)	циркус (м)	církus
jardim (m) zoológico	зоолошки врт (м)	zoóloški vŕt

cinema (m)	биоскоп (м)	bíoskop
museu (m)	музеј (м)	múzej
biblioteca (f)	библиотека (ж)	bibliotéka

teatro (m)	позориште (с)	pózorište
ópera (f)	опера (ж)	ópera
clube (m) noturno	ноћни клуб (м)	nóćni klub
casino (m)	коцкарница (ж)	kóckarnica

mesquita (f)	џамија (ж)	džámija
sinagoga (f)	синагога (ж)	sinagóga
catedral (f)	катедрала (ж)	katedrála
templo (m)	храм (м)	hram
igreja (f)	црква (ж)	cŕkva

instituto (m)	институт (м)	instítut
universidade (f)	универзитет (м)	univerzitét
escola (f)	школа (ж)	škóla

prefeitura (f)	управа (ж)	úprava
câmara (f) municipal	градска кућа (ж)	grádska kúća
hotel (m)	хотел (м)	hótel
banco (m)	банка (ж)	bánka

embaixada (f)	амбасада (ж)	ambasáda
agência (f) de viagens	туристичка агенција (ж)	turística agéncija
agência (f) de informações	биро (с) за информације	bíro za informácije
casa (f) de câmbio	мењачница (ж)	menjáčnica

metro (m)	метро (м)	métro
hospital (m)	болница (ж)	bólnica

posto (m) de gasolina	бензинска станица (ж)	bénzinska stánica
parque (m) de estacionamento	паркиралиште (с)	parkíralište

30. Sinais

letreiro (m)	натпис (м)	nátpis
inscrição (f)	натпис (м)	nátpis
cartaz, póster (m)	плакат (м)	plákat
sinal (m) informativo	путоказ (м)	pútokaz
seta (f)	стрелица (ж)	strélica

aviso (advertência)	упозорење (с)	upozorénje
sinal (m) de aviso	знак (м) упозорења	znak upozorénja
avisar, advertir (vt)	упозорити (пг)	upozóriti

dia (m) de folga	слободан дан (м)	slóbodan dan
horário (m)	распоред (м)	ráspored
horário (m) de funcionamento	радно време (с)	rádno vréme

BEM-VINDOS!	ДОБРО ДОШЛИ!	DOBRO DOŠLI!
ENTRADA	УЛАЗ	ULAZ
SAÍDA	ИЗЛАЗ	IZLAZ

EMPURRE	ГУРАЈ	GURAJ
PUXE	ВУЦИ	VUCI
ABERTO	ОТВОРЕНО	OTVORENO
FECHADO	ЗАТВОРЕНО	ZATVORENO
MULHER	ЖЕНЕ	ŽENE
HOMEM	МУШКАРЦИ	MUŠKARCI
DESCONTOS	ПОПУСТИ	POPUSTI
SALDOS	РАСПРОДАЈА	RASPRODAJA
NOVIDADE!	НОВО!	NOVO!
GRÁTIS	БЕСПЛАТНО	BESPLATNO
ATENÇÃO!	ПАЖЊА!	PAŽNJA!
NÃO HÁ VAGAS	НЕМА СЛОБОДНИХ СОБА	NEMA SLOBODNIH SOBA
RESERVADO	РЕЗЕРВИСАНО	REZERVISANO
ADMINISTRAÇÃO	УПРАВА	UPRAVA
SOMENTE PESSOAL AUTORIZADO	САМО ЗА ОСОБЉЕ	SAMO ZA OSOBLJE
CUIDADO CÃO FEROZ	ЧУВАЈ СЕ ПСА	ČUVAJ SE PSA
PROIBIDO FUMAR!	ЗАБРАЊЕНО ПУШЕЊЕ	ZABRANJENO PUŠENJE
NÃO TOCAR	НЕ ДИРАТИ	NE DIRATI
PERIGOSO	ОПАСНО	OPASNO
PERIGO	ОПАСНОСТ	OPASNOST
ALTA TENSÃO	ВИСОКИ НАПОН	VISOKI NAPON
PROIBIDO NADAR	ЗАБРАЊЕНО КУПАЊЕ	ZABRANJENO KUPANJE
AVARIADO	НЕ РАДИ	NE RADI
INFLAMÁVEL	ЗАПАЉИВО	ZAPALJIVO
PROIBIDO	ЗАБРАЊЕНО	ZABRANJENO
ENTRADA PROIBIDA	ЗАБРАЊЕН ПРОЛАЗ	ZABRANJEN PROLAZ
CUIDADO TINTA FRESCA	СВЕЖЕ ОФАРБАНО	SVEŽE OFARBANO

31. Compras

comprar (vt)	куповати (пг)	kupóvati
compra (f)	куповина (ж)	kupóvina
fazer compras	ићи у шопинг	íći u šóping
compras (f pl)	куповина (ж)	kupóvina
estar aberta (loja, etc.)	бити отворен	bíti ótvoren
estar fechada	бити затворен	bíti zátvoren
calçado (m)	обућа (ж)	óbuća
roupa (f)	одећа (ж)	ódeća
cosméticos (m pl)	козметика (ж)	kozmétika
alimentos (m pl)	намирнице (мн)	námirnice
presente (m)	поклон (м)	póklon
vendedor (m)	продавач (м)	prodávač
vendedora (f)	продавачица (ж)	prodaváčica

caixa (f)	благајна (ж)	blágajna
espelho (m)	огледало (c)	oglédalo
balcão (m)	тезга (ж)	tézga
cabine (f) de provas	кабина (ж)	kabína
provar (vt)	пробати (пг)	próbati
servir (vi)	пристајати (нг)	prístajati
gostar (apreciar)	свиђати се	svíđati se
preço (m)	цена (ж)	céna
etiqueta (f) de preço	ценовник (м)	cénovnik
custar (vt)	коштати (нг)	kóštati
Quanto?	Колико?	Kolíko?
desconto (m)	попуст (м)	pópust
não caro	није скуп	níje skup
barato	јефтин	jéftin
caro	скуп	skup
É caro	То је скупо	To je skúpo
aluguer (m)	изнајмљивање (c)	iznajmljívanje
alugar (vestidos, etc.)	изнајмити (пг)	iznájmiti
crédito (m)	кредит (м)	krédit
a crédito	на кредит	na krédit

VESTUÁRIO & ACESSÓRIOS

32. Roupa exterior. Casacos

roupa (f)	одећа (ж)	ódeća
roupa (f) exterior	горња одећа (ж)	górnja ódeća
roupa (f) de inverno	зимска одећа (ж)	zímska ódeća
sobretudo (m)	капут (м)	káput
casaco (m) de peles	бунда (ж)	búnda
casaco curto (m) de peles	кратка бунда (ж)	krátka búnda
casaco (m) acolchoado	перјана јакна (ж)	pérjana jákna
casaco, blusão (m)	јакна (ж)	jákna
impermeável (m)	кишни мантил (м)	kíšni mántil
impermeável	водоотпоран	vodoótporan

33. Vestuário de homem & mulher

camisa (f)	кошуља (ж)	kóšulja
calças (f pl)	панталоне (мн)	pantalóne
calças (f pl) de ganga	фармерке (мн)	fármerke
casaco (m) de fato	сако (м)	sáko
fato (m)	одело (с)	odélo
vestido (ex. ~ vermelho)	хаљина (ж)	háljina
saia (f)	сукња (ж)	súknja
blusa (f)	блуза (ж)	blúza
casaco (m) de malha	џемпер (м)	džémper
casaco, blazer (m)	жакет (м)	žáket
T-shirt, camiseta (f)	мајица (ж)	májica
calções (Bermudas, etc.)	шорц, шортс (м)	šorc, šorts
fato (m) de treino	спортски костим (м)	spórtski kóstim
roupão (m) de banho	баде мантил (м)	báde mántil
pijama (m)	пиџама (ж)	pidžáma
suéter (m)	џемпер (м)	džémper
pulôver (m)	пуловер (м)	pulóver
colete (m)	прслук (м)	pŕsluk
fraque (m)	фрак (м)	frak
smoking (m)	смокинг (м)	smóking
uniforme (m)	униформа (ж)	úniforma
roupa (f) de trabalho	радна одећа (ж)	rádna ódeća
fato-macaco (m)	комбинезон (м)	kombinézon
bata (~ branca, etc.)	мантил (м)	mántil

34. Vestuário. Roupa interior

roupa (f) interior	доње рубље (c)	dónje rúblje
cuecas boxer (f pl)	мушке гаће (мн)	múške gáće
cuecas (f pl)	гаћице (мн)	gáćice
camisola (f) interior	мајица (ж)	májica
peúgas (f pl)	чарапе (мн)	čárape
camisa (f) de noite	спаваћица (ж)	spavaćica
sutiã (m)	грудњак (м)	grúdnjak
meias longas (f pl)	доколенице (мн)	dokolénice
meia-calça (f)	хулахопке (мн)	húlahopke
meias (f pl)	чарапе (мн)	čárape
fato (m) de banho	купаћи костим (м)	kúpaći kóstim

35. Adereços de cabeça

chapéu (m)	капа (ж)	kápa
chapéu (m) de feltro	шешир (м)	šéšir
boné (m) de beisebol	бејзбол качкет (м)	béjzbol káčket
boné (m)	енглеска капа (ж), качкет (м)	éngleska kápa, káčket
boina (f)	берета, беретка (ж)	beréta, beretka
capuz (m)	капуљача (ж)	kapúljača
panamá (m)	панама-шешир (м)	panáma-šéšir
gorro (m) de malha	плетена капа (ж)	plétena kápa
lenço (m)	марама (ж)	márama
chapéu (m) de mulher	женски шешир (м)	žénski šéšir
capacete (m) de proteção	кацига (ж), шлем (м)	káciga, šlem
bibico (m)	титовка (ж)	títovka
capacete (m)	шлем (м)	šlem
chapéu-coco (m)	полуцилиндар (м)	pólucilindar
chapéu (m) alto	цилиндар (м)	cilíndar

36. Calçado

calçado (m)	обућа (ж)	óbuća
botinas (f pl)	ципеле (мн)	cípele
sapatos (de salto alto, etc.)	ципеле (мн)	cípele
botas (f pl)	чизме (мн)	čízme
pantufas (f pl)	папуче (мн)	pápuče
ténis (m pl)	патике (мн)	pátike
sapatilhas (f pl)	патике (мн)	pátike
sandálias (f pl)	сандале (мн)	sandále
sapateiro (m)	обућар (м)	óbućar
salto (m)	потпетица (ж)	pótpetica

par (m)	пар (м)	par
atacador (m)	пертла (ж)	pértla
apertar os atacadores	шнирати (пг)	šnírati
calçadeira (f)	кашика (ж) за ципеле	kášika za cípele
graxa (f) para calçado	крема (ж) за обућу	kréma za óbuću

37. Acessórios pessoais

luvas (f pl)	рукавице (мн)	rukávice
mitenes (f pl)	рукавице (мн) с једним прстом	rukávice s jednim prstom
cachecol (m)	шал (м)	šal
óculos (m pl)	наочаре (мн)	náočare
armação (f) de óculos	оквир (м)	ókvir
guarda-chuva (m)	кишобран (м)	kíšobran
bengala (f)	штап (м)	štap
escova (f) para o cabelo	четка (ж) за косу	čétka za kósu
leque (m)	лепеза (ж)	lepéza
gravata (f)	краватa (ж)	kraváta
gravata-borboleta (f)	лептир машна (ж)	léptir mášna
suspensórios (m pl)	трегери (мн)	trégeri
lenço (m)	џепна марамица (ж)	džépna máramica
pente (m)	чешаљ (м)	čéšalj
travessão (m)	шнала (ж)	šnála
gancho (m) de cabelo	укосница (ж)	úkosnica
fivela (f)	копча (ж)	kópča
cinto (m)	каиш (м)	káiš
correia (f)	каиш (м)	káiš
mala (f)	торба (ж)	tórba
mala (f) de senhora	ташна (ж)	tášna
mochila (f)	ранац (м)	ránac

38. Vestuário. Diversos

moda (f)	мода (ж)	móda
na moda	модеран	móderan
estilista (m)	модни креатор (м)	módni kreátor
colarinho (m), gola (f)	овратник (м)	óvratnik
bolso (m)	џеп (м)	džep
de bolso	џепни	džépni
manga (f)	рукав (м)	rúkav
alcinha (f)	вешалица (ж)	véšalica
braguilha (f)	шлиц (м)	šlic
fecho (m) de correr	рајсфершлус (м)	rájsferšlus
fecho (m), colchete (m)	копча (ж)	kópča

botão (m)	дугме (с)	dúgme
casa (f) de botão	рупица (ж)	rúpica
soltar-se (vr)	откинути се	ótkinuti se

coser, costurar (vi)	шити (нг, пг)	šíti
bordar (vt)	вести (нг, пг)	vésti
bordado (m)	вез (м)	vez
agulha (f)	игла (ж)	ígla
fio (m)	конац (м)	kónac
costura (f)	шав (м)	šav

sujar-se (vr)	испрљати се	ispŕljati se
mancha (f)	мрља (ж)	mŕlja
engelhar-se (vr)	изгужвати се	izgúžvati se
rasgar (vt)	цепати (пг)	cépati
traça (f)	мољац (м)	móljac

39. Cuidados pessoais. Cosméticos

pasta (f) de dentes	паста (ж) за зубе	pásta za zúbe
escova (f) de dentes	четкица (ж) за зубе	čétkica za zúbe
escovar os dentes	прати зубе	práti zúbe

máquina (f) de barbear	бријач (м)	bríjač
creme (m) de barbear	крема (ж) за бријање	kréma za bríjanje
barbear-se (vr)	бријати се	bríjati se

sabonete (m)	сапун (м)	sápun
champô (m)	шампон (м)	šámpon

tesoura (f)	маказе (мн)	mákaze
lima (f) de unhas	турпија (ж) за нокте	túrpija za nokte
corta-unhas (m)	грицкалица (ж) за нокте	gríckalica za nókte
pinça (f)	пинцета (ж)	pincéta

cosméticos (m pl)	козметика (ж)	kozmétika
máscara (f) facial	маска (ж)	máska
manicura (f)	маникир (м)	mánikir
fazer a manicura	радити маникир	ráditi mánikir
pedicure (f)	педикир (м)	pédikir

mala (f) de maquilhagem	козметичка торбица (ж)	kozmétička tórbica
pó (m)	пудер (м)	púder
caixa (f) de pó	пудријера (ж)	pudrijéra
blush (m)	руменило (с)	ruménilo

perfume (m)	парфем (м)	párfem
água (f) de toilette	тоалетна вода (ж)	tóaletna vóda
loção (f)	лосион (м)	lósion
água-de-colónia (f)	колоњска вода (ж)	kólonjska vóda

sombra (f) de olhos	сенка (ж) за очи	sénka za óči
lápis (m) delineador	оловка (ж) за очи	ólovka za óči
máscara (f), rímel (m)	маскара (ж)	máskara

batom (m)	кармин (м)	kármin
verniz (m) de unhas	лак (м) за нокте	lak za nókte
laca (f) para cabelos	лак (м) за косу	lak za kósu
desodorizante (m)	дезодоранс (м)	dezodórans

creme (m)	крема (ж)	kréma
creme (m) de rosto	крема (ж) за лице	kréma za líce
creme (m) de mãos	крема (ж) за руке	kréma za rúke
creme (m) antirrugas	крема (ж) против бора	kréma prótiv bóra
creme (m) de dia	дневна крема (ж)	dnévna kréma
creme (m) de noite	ноћна крема (ж)	nóćna kréma
de dia	дневни	dnévni
da noite	ноћни	nóćni

tampão (m)	тампон (м)	támpon
papel (m) higiénico	тоалет-папир (м)	toálet-pápir
secador (m) elétrico	фен (м)	fen

40. Relógios de pulso. Relógios

relógio (m) de pulso	сат (м)	sat
mostrador (m)	бројчаник (м)	brojčánik
ponteiro (m)	казаљка (ж)	kázaljka
bracelete (f) em aço	наруквица (ж)	nárukvica
bracelete (f) em couro	каиш (м) за сат	káiš za sat

pilha (f)	батерија (ж)	báterija
descarregar-se	испразнити се	isprázniti se
trocar a pilha	заменити батерију	zaméniti batériju
estar adiantado	журити (нг)	žúriti
estar atrasado	заостајати (нг)	zaóstajati

relógio (m) de parede	зидни сат (м)	zídni sat
ampulheta (f)	пешчани сат (м)	péščani sat
relógio (m) de sol	сунчани сат (м)	súnčani sat
despertador (m)	будилник (м)	búdilnik
relojoeiro (m)	часовничар (м)	čásovničar
reparar (vt)	поправљати (нг)	pópravljati

EXPERIÊNCIA DO QUOTIDIANO

41. Dinheiro

dinheiro (m)	новац (м)	nóvac
câmbio (m)	размена (ж)	rázmena
taxa (f) de câmbio	курс (м)	kurs
Caixa Multibanco (m)	банкомат (м)	bánkomat
moeda (f)	новчић (м)	nóvčić
dólar (m)	долар (м)	dólar
euro (m)	евро (м)	évro
lira (f)	италијанска лира (ж)	itálijanska líra
marco (m)	немачка марка (ж)	němačka márka
franco (m)	франак (м)	frának
libra (f) esterlina	фунта (ж)	fúnta
iene (m)	јен (м)	jen
dívida (f)	дуг (м)	dug
devedor (m)	дужник (м)	dúžnik
emprestar (vt)	посудити	posúditi
pedir emprestado	позајмити (пг)	pozájmiti
banco (m)	банка (ж)	bánka
conta (f)	рачун (м)	ráčun
depositar (vt)	положити (пг)	polóžiti
depositar na conta	положити на рачун	polóžiti na ráčun
levantar (vt)	подићи са рачуна	pódići sa račúna
cartão (m) de crédito	кредитна картица (ж)	kréditna kártica
dinheiro (m) vivo	готовина (ж)	gótovina
cheque (m)	чек (м)	ček
passar um cheque	написати чек	napísati ček
livro (m) de cheques	чековна књижица (ж)	čékovna knjížica
carteira (f)	новчаник (м)	novčánik
porta-moedas (m)	новчаник (м)	novčánik
cofre (m)	сеф (м)	sef
herdeiro (m)	наследник (м)	následnik
herança (f)	наследство (с)	následstvo
fortuna (riqueza)	богатство (с)	bogátstvo
arrendamento (m)	закуп, најам (м)	zákup, nájam
renda (f) de casa	станарина (ж)	stánarina
alugar (vt)	изнајмити (пг)	iznájmiti
preço (m)	цена (ж)	céna
custo (m)	вредност (ж)	vrédnost

soma (f)	износ (м)	íznos
gastar (vt)	трошити (пг)	tróšiti
gastos (m pl)	трошкови (мн)	tróškovi
economizar (vi)	штедети (нг, пг)	štédeti
económico	штедљив	štédljiv

pagar (vt)	платити (нг, пг)	plátiti
pagamento (m)	плаћање (с)	pláćanje
troco (m)	кусур (м)	kúsur

imposto (m)	порез (м)	pórez
multa (f)	новчана казна (ж)	nóvčana kázna
multar (vt)	кажњавати (пг)	kažnjávati

42. Correios. Serviço postal

correios (m pl)	пошта (ж)	póšta
correio (m)	пошта (ж)	póšta
carteiro (m)	поштар (м)	póštar
horário (m)	радно време (с)	rádno vréme

carta (f)	писмо (с)	písmo
carta (f) registada	препоручено писмо (с)	préporučeno písmo
postal (m)	разгледница (ж)	rázglednica
telegrama (m)	телеграм (м)	télegram
encomenda (f) postal	пакет (м)	páket
remessa (f) de dinheiro	пренос (м) новца	prénos nóvca

receber (vt)	примити (пг)	prímiti
enviar (vt)	послати (пг)	póslati
envio (m)	слање (с)	slánje
endereço (m)	адреса (ж)	adrésa
código (m) postal	поштански број (м)	póštanski broj
remetente (m)	пошиљалац (м)	póšiljalac
destinatário (m)	прималац (м)	prímalac

nome (m)	име (с)	íme
apelido (m)	презиме (с)	prézime
tarifa (f)	тарифа (ж)	tarífa
ordinário	обичан	óbičan
económico	економичан	ekónomičan

peso (m)	тежина (ж)	težína
pesar (estabelecer o peso)	вагати (пг)	vágati
envelope (m)	коверат (м)	kovérat
selo (m)	поштанска марка (ж)	poštanska márka
colar o selo	лепити марку	lépiti márku

43. Banca

| banco (m) | банка (ж) | bánka |
| sucursal, balcão (f) | експозитура (ж) | ekspozitúra |

consultor (m)	банкарски службеник (м)	bánkarski slúžbenik
gerente (m)	менаџер (м)	ménadžer
conta (f)	рачун (м)	ráčun
número (m) da conta	број (м) рачуна	broj račúna
conta (f) corrente	текући рачун (м)	tékući ráčun
conta (f) poupança	штедни рачун (м)	štédni ráčun
abrir uma conta	отворити рачун	ótvoriti ráčun
fechar uma conta	затворити рачун	zatvóriti ráčun
depositar na conta	поставити на рачун	póstaviti na ráčun
levantar (vt)	подићи са рачуна	pódići sa račúna
depósito (m)	депозит (м)	depózit
fazer um depósito	ставити новац на рачун	stáviti nóvac na ráčun
transferência (f) bancária	трансфер (м) новца	tránsfer nóvca
transferir (vt)	послати новац	póslati nóvac
soma (f)	износ (м)	íznos
Quanto?	Колико?	Kolíko?
assinatura (f)	потпис (м)	pótpis
assinar (vt)	потписати (пг)	potpísati
cartão (m) de crédito	кредитна картица (ж)	kréditna kártica
código (m)	код (м)	kod
número (m) do cartão de crédito	број (м) кредитне картице	broj kréditne kártice
Caixa Multibanco (m)	банкомат (м)	bánkomat
cheque (m)	чек (м)	ček
passar um cheque	написати чек	napísati ček
livro (m) de cheques	чековна књижица (ж)	čékovna knjížica
empréstimo (m)	кредит (м)	krédit
pedir um empréstimo	затражити кредит	zátražiti krédit
obter um empréstimo	узимати кредит	uzímati krédit
conceder um empréstimo	давати кредит	dávati krédit
garantia (f)	гаранција (ж)	garáncija

44. Telefone. Conversação telefónica

telefone (m)	телефон (м)	teléfon
telemóvel (m)	мобилни телефон (м)	móbilni teléfon
secretária (f) electrónica	секретарица (ж)	sekretárica
fazer uma chamada	звати (пг)	zváti
chamada (f)	позив (м)	póziv
marcar um número	позвати број	pózvati broj
Alô!	Хало!	Hálo!
perguntar (vt)	упитати (пг)	upítati
responder (vt)	јавити се	jáviti se
ouvir (vt)	чути (нг, пг)	čúti

bem	добро	dóbro
mal	лоше	loše
ruído (m)	сметње (мн)	smétnje

auscultador (m)	слушалица (ж)	slúšalica
pegar o telefone	подићи слушалицу	pódići slúšalicu
desligar (vi)	спустити слушалицу	spústiti slúšalicu

ocupado	заузето	záuzeto
tocar (vi)	звонити (нг)	zvóniti
lista (f) telefónica	телефонски именик (м)	teléfonski ímenik

local	локалан	lókalan
chamada (f) local	локални позив (м)	lókalni póziv
de longa distância	међуградски	međugrádski
chamada (f) de longa distância	међуградски позив (м)	međugrádski póziv
internacional	међународни	međunárodni
chamada (f) internacional	међународни позив (м)	međunárodni póziv

45. Telefone móvel

telemóvel (m)	мобилни телефон (м)	móbilni teléfon
ecrã (m)	дисплеј (м)	displéj
botão (m)	дугме (с)	dúgme
cartão SIM (m)	СИМ картица (ж)	SIM kártica

bateria (f)	батерија (ж)	báterija
descarregar-se	испразнити се	isprázniti se
carregador (m)	пуњач (м)	púnjač

menu (m)	мени (м)	méni
definições (f pl)	подешавања (мн)	podešávanja
melodia (f)	мелодија (ж)	mélodija
escolher (vt)	изабрати (пг)	izábrati

calculadora (f)	калкулатор (м)	kalkulátor
correio (m) de voz	говорна пошта (ж)	góvorna póšta
despertador (m)	будилник (м)	búdilnik
contatos (m pl)	контакти (мн)	kóntakti

mensagem (f) de texto	СМС порука (ж)	SMS póruka
assinante (m)	претплатник (м)	prétplatnik

46. Estacionário

caneta (f)	хемијска оловка (ж)	hémijska ólovka
caneta (f) tinteiro	наливперо (с)	nálivpero

lápis (m)	оловка (ж)	ólovka
marcador (m)	маркер (м)	márker
caneta (f) de feltro	фломастер (м)	flómaster

bloco (m) de notas	нотес (м)	nótes
agenda (f)	роковник (м)	rokóvnik
régua (f)	лењир (м)	lénjir
calculadora (f)	калкулатор (м)	kalkulátor
borracha (f)	гумица (ж)	gúmica
pionés (m)	пајснадла (ж)	pájsnadla
clipe (m)	спајалица (ж)	spájalica
cola (f)	лепак (м)	lépak
agrafador (m)	хефталица (ж)	héftalica
furador (m)	бушилица (ж) за папир	búšilica za pápir
afia-lápis (m)	резач (м)	rézač

47. Línguas estrangeiras

língua (f)	језик (м)	jézik
estrangeiro	стран	stran
língua (f) estrangeira	страни језик (м)	stráni jézik
estudar (vt)	студирати (пг)	studírati
aprender (vt)	учити (пг)	účiti
ler (vt)	читати (нг, пг)	čítati
falar (vi)	говорити (нг)	govóriti
compreender (vt)	разумевати (пг)	razumévati
escrever (vt)	писати (пг)	písati
rapidamente	брзо	bŕzo
devagar	споро, полако	spóro, poláko
fluentemente	течно	téčno
regras (f pl)	правила (мн)	právila
gramática (f)	граматика (ж)	gramátika
vocabulário (m)	лексикон (м)	léksikon
fonética (f)	фонетика (ж)	fonétika
manual (m) escolar	уџбеник (м)	údžbenik
dicionário (m)	речник (м)	réčnik
manual (m) de autoaprendizagem	приручник (м)	príručnik
guia (m) de conversação	приручник (м) за конверзацију	príručnik za konverzáciju
cassete (f)	касета (ж)	kaséta
vídeo cassete (m)	видео касета (ж)	vídeo kaséta
CD (m)	ЦД диск (м)	CD disk
DVD (m)	ДВД (м)	DVD
alfabeto (m)	азбука, абецеда (ж)	ázbuka, abecéda
soletrar (vt)	спеловати (пг)	spélovati
pronúncia (f)	изговор (м)	ízgovor
sotaque (m)	нагласак (м)	náglasak
com sotaque	са нагласком	sa náglaskom

sem sotaque	без нагласка	bez náglaska
palavra (f)	реч (ж)	reč
sentido (m)	смисао (м)	smísao
cursos (m pl)	течај (м)	téčaj
inscrever-se (vr)	уписати се	upísati se
professor (m)	професор (м)	prófesor
tradução (processo)	превођење (с)	prevóđenje
tradução (texto)	превод (м)	prévod
tradutor (m)	преводилац (м)	prevódilac
intérprete (m)	преводилац (м)	prevódilac
poliglota (m)	полиглота (м)	poliglóta
memória (f)	памћење (с)	pámćenje

REFEIÇÕES. RESTAURANTE

48. Por a mesa

colher (f)	кашика (ж)	kášika
faca (f)	нож (м)	nož
garfo (m)	виљушка (ж)	víljuška
chávena (f)	шоља (ж)	šólja
prato (m)	тањир (м)	tánjir
pires (m)	тацна (ж)	tácna
guardanapo (m)	салвета (ж)	salvéta
palito (m)	чачкалица (ж)	čáčkalica

49. Restaurante

restaurante (m)	ресторан (м)	restóran
café (m)	кафић (м), кафана (ж)	káfić, kafána
bar (m), cervejaria (f)	бар (м)	bar
salão (m) de chá	чајџиница (ж)	čájdžinica
empregado (m) de mesa	конобар (м)	kónobar
empregada (f) de mesa	конобарица (ж)	konobárica
barman (m)	бармен (м)	bármen
ementa (f)	јеловник (м)	jélovnik
lista (f) de vinhos	винска карта (ж)	vínska kárta
reservar uma mesa	резервисати сто	rezervísati sto
prato (m)	јело (с)	jélo
pedir (vt)	наручити (пг)	narúčiti
fazer o pedido	наручити	narúčiti
aperitivo (m)	аперитив (м)	áperitiv
entrada (f)	предјело (с)	prédjelo
sobremesa (f)	десерт (м)	désert
conta (f)	рачун (м)	ráčun
pagar a conta	платити рачун	plátiti ráčun
dar o troco	вратити кусур	vrátiti kúsur
gorjeta (f)	бакшиш (м)	bákšiš

50. Refeições

comida (f)	храна (ж)	hrána
comer (vt)	јести (нг, пг)	jésti

pequeno-almoço (m)	доручак (м)	dóručak
tomar o pequeno-almoço	доручковати (нг)	dóručkovati
almoço (m)	ручак (м)	rúčak
almoçar (vi)	ручати (нг)	rúčati
jantar (m)	вечера (ж)	véčera
jantar (vi)	вечерати (нг)	véčerati
apetite (m)	апетит (м)	apétit
Bom apetite!	Пријатно!	Príjatno!
abrir (~ uma lata, etc.)	отварати (пг)	otvárati
derramar (vt)	пролити (пг)	próliti
derramar-se (vr)	пролити се	próliti se
ferver (vi)	кључати (нг)	kljúčati
ferver (vt)	кључати (пг)	kljúčati
fervido	кувани	kúvani
arrefecer (vt)	охладити (пг)	ohláditi
arrefecer-se (vr)	охлађивати се	ohlađívati se
sabor, gosto (m)	укус (м)	úkus
gostinho (m)	укус (м)	úkus
fazer dieta	смршати (нг)	smŕšati
dieta (f)	дијета (ж)	dijéta
vitamina (f)	витамин (м)	vitámin
caloria (f)	калорија (ж)	kalórija
vegetariano (m)	вегетаријанац (м)	vegetarijánac
vegetariano	вегетаријански	vegetaríjanski
gorduras (f pl)	масти (мн)	másti
proteínas (f pl)	беланчевине (мн)	belánčevine
carboidratos (m pl)	угљени хидрати (мн)	úgljeni hidráti
fatia (~ de limão, etc.)	парче (с)	párče
pedaço (~ de bolo)	комад (м)	kómad
migalha (f)	мрва (ж)	mŕva

51. Pratos cozinhados

prato (m)	јело (с)	jélo
cozinha (~ portuguesa)	кухиња (ж)	kúhinja
receita (f)	рецепт (м)	récept
porção (f)	порција (ж)	pórcija
salada (f)	салата (ж)	saláta
sopa (f)	супа (ж)	súpa
caldo (m)	буљон (м)	búljon
sandes (f)	сендвич (м)	séndvič
ovos (m pl) estrelados	пржена јаја (мн)	pŕžena jája
hambúrguer (m)	хамбургер (м)	hámburger
bife (m)	бифтек (м)	bíftek
conduto (m)	прилог (м)	prílog

espaguete (m)	шпагете (мн)	špagéte
puré (m) de batata	кромпир пире (м)	krómpir píre
pizza (f)	пица (ж)	píca
papa (f)	каша (ж)	káša
omelete (f)	омлет (м)	ómlet
cozido em água	кувани	kúvani
fumado	димљени	dímljeni
frito	пржени	přženi
seco	сув	suv
congelado	замрзнут	zámrznut
em conserva	маринирани	marinírani
doce (açucarado)	сладак	sládak
salgado	слан	slan
frio	хладан	hládan
quente	врућ	vruć
amargo	горак	górak
gostoso	укусан	úkusan
cozinhar (em água a ferver)	барити (пг)	báriti
fazer, preparar (vt)	кувати (пг)	kúvati
fritar (vt)	пржити (пг)	přžiti
aquecer (vt)	подгревати (пг)	podgrévati
salgar (vt)	солити (пг)	sóliti
apimentar (vt)	биберити (пг)	híberiti
ralar (vt)	рендати (пг)	réndati
casca (f)	кора (ж)	kóra
descascar (vt)	љуштити (пг)	ljúštiti

52. Comida

carne (f)	месо (с)	méso
galinha (f)	пилетина, кокош (ж)	píletina, kokoš
frango (m)	пиле (с)	píle
pato (m)	патка (ж)	pátka
ganso (m)	гуска (ж)	gúska
caça (f)	дивљач (ж)	dívljač
peru (m)	ћуретина (ж)	ćurétina
carne (f) de porco	свињетина (ж)	svínjetina
carne (f) de vitela	телетина (ж)	téletina
carne (f) de carneiro	јагњетина (ж)	jágnjetina
carne (f) de vaca	говедина (ж)	góvedina
carne (f) de coelho	зец (м)	zec
chouriço, salsichão (m)	кобасица (ж)	kobásica
salsicha (f)	виршла (ж)	víršla
bacon (m)	сланина (ж)	slánina
fiambre (f)	шунка (ж)	šúnka
presunto (m)	шунка (ж)	šúnka
patê (m)	паштета (ж)	paštéta
fígado (m)	џигерица (ж)	džígerica

| carne (f) moída | млевено месо (c) | mléveno méso |
| língua (f) | језик (м) | jézik |

ovo (m)	јаје (c)	jáje
ovos (m pl)	јаја (мн)	jája
clara (f) do ovo	беланце (c)	belánce
gema (f) do ovo	жуманце (c)	žumánce

peixe (m)	риба (ж)	ríba
mariscos (m pl)	морски плодови (мн)	mórski plódovi
crustáceos (m pl)	ракови (мн)	rákovi
caviar (m)	кавијар (м)	kávijar

caranguejo (m)	краба (ж)	krába
camarão (m)	шкамп (м)	škamp
ostra (f)	острига (ж)	óstriga
lagosta (f)	јастог (м)	jástog
polvo (m)	хоботница (ж)	hóbotnica
lula (f)	лигња (ж)	lígnja

esturjão (m)	јесетра (ж)	jésetra
salmão (m)	лосос (м)	lósos
halibute (m)	пацифички лист (м)	pacífički list

bacalhau (m)	бакалар (м)	bakálar
cavala, sarda (f)	скуша (ж)	skúša
atum (m)	туњевина (ж)	túnjevina
enguia (f)	јегуља (ж)	jégulja

truta (f)	пастрмка (ж)	pástrmka
sardinha (f)	сардина (ж)	sardína
lúcio (m)	штука (ж)	štúka
arenque (m)	харинга (ж)	háringa

pão (m)	хлеб (м)	hleb
queijo (m)	сир (м)	sir
açúcar (m)	шећер (м)	šéćer
sal (m)	со (ж)	so

arroz (m)	пиринач (м)	pírinač
massas (f pl)	макарони (мн)	mákaroni
talharim (m)	резанци (мн)	rezánci

manteiga (f)	маслац (м)	máslac
óleo (m) vegetal	зејтин (м)	zéjtin
óleo (m) de girassol	сунцокретово уље (c)	súncokretovo úlje
margarina (f)	маргарин (м)	margárin

| azeitonas (f pl) | маслине (мн) | másline |
| azeite (m) | маслиново уље (c) | máslinovo úlje |

leite (m)	млеко (c)	mléko
leite (m) condensado	кондензовано млеко (c)	kondenzóvano mléko
iogurte (m)	јогурт (м)	jógurt
nata (f) azeda	кисела павлака (ж)	kísela pávlaka
nata (f) do leite	павлака (ж)	pávlaka

| maionese (f) | мајонез (м), мајонеза (ж) | majonéz, majonéza |
| creme (m) | крем (м) | krem |

grãos (m pl) de cereais	житарице (мн)	žitárice
farinha (f)	брашно (с)	brášno
enlatados (m pl)	конзерве (мн)	konzérve

flocos (m pl) de milho	кукурузне пахуљице (мн)	kukúruzne pahúljice
mel (m)	мед (м)	med
doce (m)	џем (м), мармелада (ж)	džem, marmeláda
pastilha (f) elástica	гума (ж) за жвакање	gúma za žvákanje

53. Bebidas

água (f)	вода (ж)	vóda
água (f) potável	питка вода (ж)	pítka vóda
água (f) mineral	кисела вода (ж)	kísela vóda

sem gás	негазиран	negazíran
gaseificada	газиран	gazíran
com gás	газиран	gazíran
gelo (m)	лед (м)	led
com gelo	са ледом	sa lédom

sem álcool	безалкохолан	bézalkoholan
bebida (f) sem álcool	безалкохолно пиће (с)	bézalkoholno píće
refresco (m)	освежавајући напитак (м)	osvežávajući nápitak
limonada (f)	лимунада (ж)	limunáda

bebidas (f pl) alcoólicas	алкохолна пића (мн)	álkoholna píća
vinho (m)	вино (с)	víno
vinho (m) branco	бело вино (с)	bélo víno
vinho (m) tinto	црно вино (с)	cŕno víno

licor (m)	ликер (м)	líker
champanhe (m)	шампањац (м)	šampánjac
vermute (m)	вермут (м)	vérmut

uísque (m)	виски (м)	víski
vodka (f)	вотка (ж)	vótka
gim (m)	џин (м)	džin
conhaque (m)	коњак (м)	kónjak
rum (m)	рум (м)	rum

café (m)	кафа (ж)	káfa
café (m) puro	црна кафа (ж)	cŕna káfa
café (m) com leite	кафа (ж) са млеком	káfa sa mlékom
cappuccino (m)	капучино (м)	kapučíno
café (m) solúvel	инстант кафа (ж)	ínstant káfa

leite (m)	млеко (с)	mléko
coquetel (m)	коктел (м)	kóktel
batido (m) de leite	милкшејк (м)	mílkšejk
sumo (m)	сок (м)	sok

sumo (m) de tomate	сок (м) од парадајза	sok od parádajza
sumo (m) de laranja	сок (м) од наранџе	sok od nárandže
sumo (m) fresco	свеже цеђени сок (м)	svéže céđeni sok

cerveja (f)	пиво (c)	pívo
cerveja (f) clara	светло пиво (c)	svétlo pívo
cerveja (f) preta	тамно пиво (c)	támno pívo

chá (m)	чај (м)	čaj
chá (m) preto	црни чај (м)	cŕni čaj
chá (m) verde	зелени чај (м)	zéleni čaj

54. Vegetais

| legumes (m pl) | поврће (c) | póvrće |
| verduras (f pl) | зелен (ж) | zélen |

tomate (m)	парадајз (м)	parádajz
pepino (m)	краставац (м)	krástavac
cenoura (f)	шаргарепа (ж)	šargarépa
batata (f)	кромпир (м)	krómpir
cebola (f)	црни лук (м)	cŕni luk
alho (m)	бели лук (м)	béli luk

| couve (f) | купус (м) | kúpus |
| couve-flor (f) | карфиол (м) | karfíol |

| couve-de-bruxelas (f) | прокељ (м) | prókelj |
| brócolos (m pl) | брокуле (мн) | brókule |

beterraba (f)	цвекла (ж)	cvékla
beringela (f)	патлиџан (м)	patlidžán
curgete (f)	тиквица (ж)	tíkvica

| abóbora (f) | тиква (ж) | tíkva |
| nabo (m) | репа (ж) | répa |

salsa (f)	першун (м)	péršun
funcho, endro (m)	мироћија (ж)	miróđija
alface (f)	зелена салата (ж)	zélena saláta
aipo (m)	целер (м)	céler

| espargo (m) | шпаргла (ж) | špárgla |
| espinafre (m) | спанаћ (м) | spánać |

| ervilha (f) | грашак (м) | grášak |
| fava (f) | махунарке (мн) | mahúnarke |

| milho (m) | кукуруз (м) | kukúruz |
| feijão (m) | пасуљ (м) | pásulj |

pimentão (m)	паприка (ж)	páprika
rabanete (m)	ротквица (ж)	rótkvica
alcachofra (f)	артичока (ж)	artičóka

55. Frutos. Nozes

fruta (f)	воће (с)	vóće
maçã (f)	јабука (ж)	jábuka
pera (f)	крушка (ж)	krúška
limão (m)	лимун (м)	límun
laranja (f)	наранџа (ж)	nárandža
morango (m)	јагода (ж)	jágoda
tangerina (f)	мандарина (ж)	mandarína
ameixa (f)	шљива (ж)	šljíva
pêssego (m)	бресква (ж)	bréskva
damasco (m)	кајсија (ж)	kájsija
framboesa (f)	малина (ж)	málina
ananás (m)	ананас (м)	ánanas
banana (f)	банана (ж)	banána
melancia (f)	лубеница (ж)	lubénica
uva (f)	грожђе (с)	gróžđe
ginja (f)	вишња (ж)	víšnja
cereja (f)	трешња (ж)	tréšnja
meloa (f)	диња (ж)	dínja
toranja (f)	грејпфрут (м)	gréjpfrut
abacate (m)	авокадо (м)	avokádo
papaia (f)	папаја (ж)	papája
manga (f)	манго (м)	mángo
romã (f)	нар (м)	nar
groselha (f) vermelha	црвена рибизла (ж)	crvéna ríbizla
groselha (f) preta	црна рибизла (ж)	cŕna ríbizla
groselha (f) espinhosa	огрозд (м)	ógrozd
mirtilo (m)	боровница (ж)	boróvnica
amora silvestre (f)	купина (ж)	kupína
uvas (f pl) passas	суво грожђе (с)	súvo gróžđe
figo (m)	смоква (ж)	smókva
tâmara (f)	урма (ж)	úrma
amendoim (m)	кикирики (м)	kikiríki
amêndoa (f)	бадем (м)	bádem
noz (f)	орах (м)	órah
avelã (f)	лешник (м)	léšnik
coco (m)	кокосов орах (м)	kókosov órah
pistáchios (m pl)	пистаћи (мн)	pistáći

56. Pão. Bolaria

pastelaria (f)	посластице (мн)	póslastice
pão (m)	хлеб (м)	hleb
bolacha (f)	колачић (м)	koláčić
chocolate (m)	чоколада (ж)	čokoláda
de chocolate	чоколадни	čókoladni

rebuçado (m)	бомбона (ж)	bombóna
bolo (cupcake, etc.)	колач (м)	kólač
bolo (m) de aniversário	торта (ж)	tórta

tarte (~ de maçã)	пита (ж)	píta
recheio (m)	надев (м)	nádev

doce (m)	слатко (с)	slátko
geleia (f) de frutas	мармелада (ж)	marmeláda
waffle (m)	облатне (мн)	óblatne
gelado (m)	сладолед (м)	sládoled
pudim (m)	пудинг (м)	púding

57. Especiarias

sal (m)	со (ж)	so
salgado	слан	slan
salgar (vt)	солити (пг)	sóliti

pimenta (f) preta	црни бибер (м)	crni bíber
pimenta (f) vermelha	црвени бибер (м)	crveni bíber
mostarda (f)	сенф (м)	senf
raiz-forte (f)	рен, хрен (м)	ren, hren

condimento (m)	зачин (м)	záčin
especiaria (f)	зачин (м)	záčin
molho (m)	сос (м)	sos
vinagre (m)	сирће (с)	sírće

anis (m)	анис (м)	ánis
manjericão (m)	босиљак (м)	bósiljak
cravo (m)	каранфил (м)	karánfil
gengibre (m)	ђумбир (м)	đúmbir
coentro (m)	коријандер (м)	korijánder
canela (f)	цимет (м)	címet

sésamo (m)	сусам (м)	súsam
folhas (f pl) de louro	ловор (м)	lóvor
páprica (f)	паприка (ж)	páprika
cominho (m)	ким (м)	kim
açafrão (m)	шафран (м)	šáfran

INFORMAÇÃO PESSOAL. FAMÍLIA

58. Informação pessoal. Formulários

nome (m)	име (с)	íme
apelido (m)	презиме (с)	prézime
data (f) de nascimento	датум (м) рођења	dátum rođénja
local (m) de nascimento	место (с) рођења	mésto rođénja
nacionalidade (f)	националност (ж)	nacionálnost
lugar (m) de residência	пребивалиште (с)	prébivalište
país (m)	земља (ж)	zémlja
profissão (f)	професија (ж)	profésija
sexo (m)	пол (м)	pol
estatura (f)	раст (м)	rast
peso (m)	тежина (ж)	težína

59. Membros da família. Parentes

mãe (f)	мајка (ж)	májka
pai (m)	отац (м)	ótac
filho (m)	син (м)	sin
filha (f)	кћи (ж)	kći
filha (f) mais nova	млађа кћи (ж)	mláđa kći
filho (m) mais novo	млађи син (м)	mláđi sin
filha (f) mais velha	најстарија кћи (ж)	nájstarija kći
filho (m) mais velho	најстарији син (м)	nájstariji sin
irmão (m)	брат (м)	brat
irmão (m) mais velho	старији брат (м)	stáriji brat
irmão (m) mais novo	млађи брат (м)	mláđi brat
irmã (f)	сестра (ж)	séstra
irmã (f) mais velha	старија сестра (ж)	stárija séstra
irmã (f) mais nova	млађа сестра (ж)	mláđa séstra
primo (m)	рођак (м)	róđak
prima (f)	рођака (ж)	róđaka
mamã (f)	мама (ж)	máma
papá (m)	тата (м)	táta
pais (pl)	родитељи (мн)	róditelji
criança (f)	дете (с)	déte
crianças (f pl)	деца (мн)	déca
avó (f)	бака (ж)	báka
avô (m)	деда (м)	déda
neto (m)	унук (м)	únuk

| neta (f) | унука (ж) | únuka |
| netos (pl) | унуци (мн) | únuci |

tio (m)	ујак, стриц (м)	újak, stric
tia (f)	ујна, стрина (ж)	újna, strína
sobrinho (m)	нећак, сестрић (м)	nécák, séstrić
sobrinha (f)	нећакиња, сестричина (ж)	necákinja, séstričina

sogra (f)	ташта (ж)	tášta
sogro (m)	свекар (м)	svékar
genro (m)	зет (м)	zet
madrasta (f)	маћеха (ж)	máćeha
padrasto (m)	очух (м)	óčuh

criança (f) de colo	беба (ж)	béba
bebé (m)	беба (ж)	béba
menino (m)	мало дете (с), беба (ж)	málo déte, béba

mulher (f)	жена (ж)	žéna
marido (m)	муж (м)	muž
esposo (m)	супруг (м)	súprug
esposa (f)	супруга (ж)	súpruga

casado	ожењен	óženjen
casada	удата	údata
solteiro	неожењен	neóženjen
solteirão (m)	нежења (м)	néženja
divorciado	разведен	razvéden
viúva (f)	удовица (ж)	udóvica
viúvo (m)	удовац (м)	údovac

parente (m)	рођак (м)	róđak
parente (m) próximo	блиски рођак (м)	blíski róđak
parente (m) distante	даљи рођак (м)	dálji róđak
parentes (m pl)	рођаци (мн)	róđaci

órfão (m), órfã (f)	сироче (с)	siróče
tutor (m)	старатељ (м)	stáratelj
adotar (um filho)	усвојити (нг)	usvójiti
adotar (uma filha)	усвојити (нг)	usvójiti

60. Amigos. Colegas de trabalho

amigo (m)	пријатељ (м)	príjatelj
amiga (f)	пријатељица (ж)	prijatéljica
amizade (f)	пријатељство (с)	prijatéljstvo
ser amigos	дружити се	drúžiti se

amigo (m)	пријатељ (м)	príjatelj
amiga (f)	пријатељица (ж)	prijatéljica
parceiro (m)	партнер (м)	pártner

| chefe (m) | шеф (м) | šef |
| superior (m) | начелник (м) | náčelnik |

proprietário (m)	**власник** (м)	vlásnik
subordinado (m)	**потчињени** (м)	pótčinjeni
colega (m)	**колега** (м)	koléga
conhecido (m)	**познаник** (м)	póznanik
companheiro (m) de viagem	**сапутник** (м)	sáputnik
colega (m) de classe	**школски друг** (м)	škólski drug
vizinho (m)	**комшија** (м)	kómšija
vizinha (f)	**комшиница** (ж)	kómšinica
vizinhos (pl)	**комшије** (мн)	kómšije

CORPO HUMANO. MEDICINA

61. Cabeça

cabeça (f)	глава (ж)	gláva
cara (f)	лице (с)	líce
nariz (m)	нос (м)	nos
boca (f)	уста (мн)	ústa
olho (m)	око (с)	óko
olhos (m pl)	очи (мн)	óči
pupila (f)	зеница (ж)	zénica
sobrancelha (f)	обрва (ж)	óbrva
pestana (f)	трепавица (ж)	trépavica
pálpebra (f)	капак (м), веђа (ж)	kápak, véđa
língua (f)	језик (м)	jézik
dente (m)	зуб (м)	zub
lábios (m pl)	усне (мн)	úsne
maçãs (f pl) do rosto	јагодице (мн)	jágodice
gengiva (f)	десни (мн)	désni
palato (m)	непце (с)	népce
narinas (f pl)	ноздрве (мн)	nózdrve
queixo (m)	брада (ж)	bráda
mandíbula (f)	вилица (ж)	vílica
bochecha (f)	образ (м)	óbraz
testa (f)	чело (с)	čélo
têmpora (f)	слепоочница (ж)	slepoóčnica
orelha (f)	ухо (с)	úho
nuca (f)	потиљак (м)	pótiljak
pescoço (m)	врат (м)	vrat
garganta (f)	грло (с)	gŕlo
cabelos (m pl)	коса (ж)	kósa
penteado (m)	фризура (ж)	frizúra
corte (m) de cabelo	фризура (ж)	frizúra
peruca (f)	перика (ж)	périka
bigode (m)	бркови (мн)	bŕkovi
barba (f)	брада (ж)	bráda
usar, ter (~ barba, etc.)	носити (пг)	nósiti
trança (f)	плетеница (ж)	pleténica
suíças (f pl)	зулуфи (мн)	zulúfi
ruivo	риђ	riđ
grisalho	сед	sed
calvo	ћелав	ćélav
calva (f)	ћела (ж)	ćéla

| rabo-de-cavalo (m) | реп (м) | rep |
| franja (f) | шишке (мн) | šíške |

62. Corpo humano

| mão (f) | шака (ж) | šáka |
| braço (m) | рука (ж) | rúka |

dedo (m)	прст (м)	pŕst
dedo (m) do pé	ножни прст (м)	nóžni pŕst
polegar (m)	палац (м)	pálac
dedo (m) mindinho	мали прст (м)	máli pŕst
unha (f)	нокат (м)	nókat

punho (m)	песница (ж)	pésnica
palma (f) da mão	длан (м)	dlan
pulso (m)	зглоб (м), запешће (с)	zglob, zápešće
antebraço (m)	подлактица (ж)	pódlaktica
cotovelo (m)	лакат (м)	lákat
ombro (m)	раме (с)	ráme

perna (f)	нога (ж)	nóga
pé (m)	стопало (с)	stópalo
joelho (m)	колено (с)	kóleno
barriga (f) da perna	лист (м)	list
anca (f)	кук (м)	kuk
calcanhar (m)	пета (ж)	péta

corpo (m)	тело (с)	télo
barriga (f)	трбух (м)	tŕbuh
peito (m)	прса (мн)	pŕsa
seio (m)	груди (мн)	grúdi
lado (m)	бок (м)	bok
costas (f pl)	леђа (мн)	léđa
região (f) lombar	крста (ж)	kŕsta
cintura (f)	струк (м)	struk

umbigo (m)	пупак (м)	púpak
nádegas (f pl)	стражњица (ж)	strážnjica
traseiro (m)	задњица (ж)	zádnjica

sinal (m)	младеж (м)	mládež
sinal (m) de nascença	белег, младеж (м)	béleg, mládež
tatuagem (f)	тетоважа (ж)	tetováža
cicatriz (f)	ожиљак (м)	óžiljak

63. Doenças

doença (f)	болест (ж)	bólest
estar doente	боловати (нг)	bolóvati
saúde (f)	здравље (с)	zdrávlje
nariz (m) a escorrer	кијавица (ж)	kíjavica

amigdalite (f)	ангина (ж)	angína
constipação (f)	прехлада (ж)	préhlada
constipar-se (vr)	прехладити се	prehláditi se
bronquite (f)	бронхитис (м)	bronhítis
pneumonia (f)	упала (ж) плућа	úpala plúća
gripe (f)	грип (м)	grip
míope	кратковид	kratkóvid
presbita	далековид	dalekóvid
estrabismo (m)	разрокост (ж)	rázrokost
estrábico	разрок	rázrok
catarata (f)	катаракта (ж)	katarákta
glaucoma (m)	глауком (м)	gláukom
AVC (m), apoplexia (f)	мождани удар (м)	móždani údar
ataque (m) cardíaco	инфаркт (м)	ínfarkt
enfarte (m) do miocárdio	инфаркт (м) миокарда	ínfarkt míokarda
paralisia (f)	парализа (ж)	paralíza
paralisar (vt)	парализовати (пг)	parálizovati
alergia (f)	алергија (ж)	alérgija
asma (f)	астма (ж)	ástma
diabetes (f)	дијабетес (м)	dijabétes
dor (f) de dentes	зубобоља (ж)	zubóbolja
cárie (f)	каријес (м)	kárijes
diarreia (f)	дијареја (ж), пролив (м)	dijaréja, próliv
prisão (f) de ventre	затвор (м)	zátvor
desarranjo (m) intestinal	лоша пробава (ж)	lóša próbava
intoxicação (f) alimentar	тровање (с)	tróvanje
intoxicar-se	отровати се	otróvati se
artrite (f)	артритис (м)	artrítis
raquitismo (m)	рахитис (м)	rahítis
reumatismo (m)	реуматизам (м)	reumatízam
arteriosclerose (f)	атеросклероза (ж)	ateroskleróza
gastrite (f)	гастритис (м)	gastrítis
apendicite (f)	апендицитис (м)	apendicítis
colecistite (f)	холециститис (м)	holecístitis
úlcera (f)	чир (м)	čir
sarampo (m)	мале богиње (мн)	mále bóginje
rubéola (m)	рубеола (ж)	rubéola
iterícia (f)	жутица (ж)	žútica
hepatite (f)	хепатитис (м)	hepatítis
esquizofrenia (f)	шизофренија (ж)	šizofrénija
raiva (f)	беснило (с)	bésnilo
neurose (f)	неуроза (ж)	neuróza
comoção (f) cerebral	потрес (м) мозга	pótres mózga
cancro (m)	рак (м)	rak
esclerose (f)	склероза (ж)	skleróza

esclerose (f) múltipla	мултипла склероза (ж)	múltipla skleróza
alcoolismo (m)	алкохолизам (м)	alkoholízam
alcoólico (m)	алкохоличар (м)	alkohóličar
sífilis (f)	сифилис (м)	sífilis
SIDA (f)	Сида (ж)	Sída
tumor (m)	тумор (м)	túmor
maligno	малигни, злоћудан	máligni, zlóćudan
benigno	доброћудан	dóbroćudan
febre (f)	грозница (ж)	gróznica
malária (f)	маларија (ж)	málarija
gangrena (f)	гангрена (ж)	gangréna
enjoo (m)	морска болест (ж)	mórska bólest
epilepsia (f)	епилепсија (ж)	epilépsija
epidemia (f)	епидемија (ж)	epidémija
tifo (m)	тифус (м)	tífus
tuberculose (f)	туберкулоза (ж)	tuberkulóza
cólera (f)	колера (ж)	koléra
peste (f)	куга (ж)	kúga

64. Sintomas. Tratamentos. Parte 1

sintoma (m)	симптом (м)	símptom
temperatura (f)	температура (ж)	temperatúra
febre (f)	висока температура (ж)	vísoka temperatúra
pulso (m)	пулс (м)	puls
vertigem (f)	вртоглавица (ж)	vrtóglavica
quente (testa, etc.)	врућ	vruć
calafrio (m)	језа (ж)	jéza
pálido	блед	bled
tosse (f)	кашаљ (м)	kášalj
tossir (vi)	кашљати (нг)	kášljati
espirrar (vi)	кијати (нг)	kíjati
desmaio (m)	несвестица (ж)	nésvestica
desmaiar (vi)	онесвестити се	onesvéstiti se
nódoa (f) negra	модрица (ж)	módrica
galo (m)	чворуга (ж)	čvóruga
magoar-se (vr)	ударити се	údariti se
pisadura (f)	озледа (ж)	ózleda
aleijar-se (vr)	озледити се	ozléditi se
coxear (vi)	храмати (нг)	hrámati
deslocação (f)	ишчашење (с)	iščašénje
deslocar (vt)	ишчашити (пг)	íščašiti
fratura (f)	прелом (м)	prélom
fraturar (vt)	задобити прелом	zadóbiti prélom
corte (m)	посекотина (ж)	posekótina
cortar-se (vr)	порезати се	pórezati se

hemorragia (f)	крварење (c)	krvárenje
queimadura (f)	опекотина (ж)	opekótina
queimar-se (vr)	опећи се	ópeći se

picar (vt)	убости (пг)	úbosti
picar-se (vr)	убости се	úbosti se
lesionar (vt)	повредити (пг)	povréditi
lesão (m)	повреда (ж)	póvreda
ferida (f), ferimento (m)	рана (ж)	rána
trauma (m)	траума (ж)	tráuma

delirar (vi)	бунцати (нг)	búncati
gaguejar (vi)	муцати (нг)	múcati
insolação (f)	сунчаница (ж)	súnčanica

65. Sintomas. Tratamentos. Parte 2

| dor (f) | бол (ж) | bol |
| farpa (no dedo) | трн (м) | trn |

suor (m)	зној (м)	znoj
suar (vi)	знојити се	znójiti se
vómito (m)	повраћање (c)	póvraćanje
convulsões (f pl)	грчеви (мн)	gŕčevi

grávida	трудна	trúdna
nascer (vi)	родити се	róditi se
parto (m)	порођај (м)	pórođaj
dar à luz	рађати (пг)	ráđati
aborto (m)	абортус, побачај (м)	abórtus, póbačaj

respiração (f)	дисање (c)	dísanje
inspiração (f)	удисај (м)	údisaj
expiração (f)	издах (м)	ízdah
expirar (vi)	издахнути (нг)	izdáhnuti
inspirar (vi)	удисати (нг)	údisati

inválido (m)	инвалид (м)	inválid
aleijado (m)	богаљ (м)	bógalj
toxicodependente (m)	наркоман (м)	nárkoman

surdo	глув	gluv
mudo	нем	nem
surdo-mudo	глувонем	glúvonem

louco (adj.)	луд	lud
louco (m)	лудак (м)	lúdak
louca (f)	луда (ж)	lúda
ficar louco	полудети (нг)	polúdeti

gene (m)	ген (м)	gen
imunidade (f)	имунитет (м)	imunítet
hereditário	наследни	následni
congénito	урођен	úrođen

vírus (m)	вирус (м)	vírus
micróbio (m)	микроб (м)	míkrob
bactéria (f)	бактерија (ж)	baktérija
infeção (f)	инфекција (ж)	infékcija

66. Sintomas. Tratamentos. Parte 3

hospital (m)	болница (ж)	bólnica
paciente (m)	пацијент (м)	pacíjent
diagnóstico (m)	дијагноза (ж)	dijagnóza
cura (f)	лечење (c)	léčenje
tratamento (m) médico	медицински третман (м)	médicinski trétman
curar-se (vr)	лечити се	léčiti se
tratar (vt)	лечити (пг)	léčiti
cuidar (pessoa)	неговати (пг)	négovati
cuidados (m pl)	нега (ж)	néga
operação (f)	операција (ж)	operácija
enfaixar (vt)	превити (пг)	préviti
enfaixamento (m)	превијање (c)	previjanje
vacinação (f)	вакцинација (ж)	vakcinácija
vacinar (vt)	вакцинисати (пг)	vakcinísati
Injeção (f)	ињекција (ж)	injékcija
dar uma injeção	давати ињекцију	dávati injékciju
ataque (~ de asma, etc.)	напад (м)	nápad
amputação (f)	ампутација (ж)	amputácija
amputar (vt)	ампутирати (пг)	amputírati
coma (f)	кома (ж)	kóma
estar em coma	бити у коми	bíti u kómi
reanimação (f)	реанимација (ж)	reanimácija
recuperar-se (vr)	оздрављати (нг)	ódzdravljati
estado (~ de saúde)	стање (c)	stánje
consciência (f)	свест (ж)	svest
memória (f)	памћење (c)	pámćenje
tirar (vt)	вадити (пг)	váditi
chumbo (m), obturação (f)	пломба (ж)	plómba
chumbar, obturar (vt)	пломбирати (пг)	plombírati
hipnose (f)	хипноза (ж)	hipnóza
hipnotizar (vt)	хипнотизирати (пг)	hipnotizírati

67. Medicina. Drogas. Acessórios

medicamento (m)	лек (м)	lek
remédio (m)	средство (c)	srédstvo
receitar (vt)	преписивати (пг)	prepisívati
receita (f)	рецепт (м)	récept

comprimido (m)	таблета (ж)	tabléta
pomada (f)	маст (ж)	mast
ampola (f)	ампула (ж)	ámpula
preparado (m)	микстура (ж)	mikstúra
xarope (m)	сируп (м)	sírup
cápsula (f)	пилула (ж)	pílula
remédio (m) em pó	прашак (м)	prášak
ligadura (f)	завој (м)	závoj
algodão (m)	вата (ж)	váta
iodo (m)	јод (м)	jod
penso (m) rápido	фластер (м)	fláster
conta-gotas (m)	пипета (ж)	pipéta
termómetro (m)	термометар (м)	térmometar
seringa (f)	шприц (м)	špric
cadeira (f) de rodas	инвалидска колица (мн)	inválidska kolíca
muletas (f pl)	штаке (мн)	štáke
analgésico (m)	аналгетик (м)	analgétik
laxante (m)	лаксатив (м)	láksativ
álcool (m) etílico	алкохол (м)	álkohol
ervas (f pl) medicinais	лековито биље (с)	lékovito bílje
de ervas (chá ~)	биљни	bíljni

APARTAMENTO

68. Apartamento

apartamento (m)	стан (м)	stan
quarto (m)	соба (ж)	sóba
quarto (m) de dormir	спаваћа соба (ж)	spávaća sóba
sala (f) de jantar	трпезарија (ж)	trpezárija
sala (f) de estar	дневна соба (ж)	dnévna sóba
escritório (m)	кабинет (м)	kabínet
antessala (f)	ходник (м)	hódnik
quarto (m) de banho	купатило (с)	kupátilo
toilette (lavabo)	тоалет (м)	toálet
teto (m)	плафон (м)	pláfon
chão, soalho (m)	под (м)	pod
canto (m)	угао, ћошак (м)	úgao, ćóšak

69. Mobiliário. Interior

mobiliário (m)	намештај (м)	námeštaj
mesa (f)	сто (м)	sto
cadeira (f)	столица (ж)	stólica
cama (f)	кревет (м)	krévet
divã (m)	диван (м)	dívan
cadeirão (m)	фотеља (ж)	fotélja
estante (f)	орман (м) за књиге	órman za knjíge
prateleira (f)	полица (ж)	pólica
guarda-vestidos (m)	орман (м)	órman
cabide (m) de parede	вешалица (ж)	véšalica
cabide (m) de pé	чивилук (м)	číviluk
cómoda (f)	комода (ж)	komóda
mesinha (f) de centro	столиц (м) за кафу	stólic za kafu
espelho (m)	огледало (с)	oglédalo
tapete (m)	тепих (м)	tépih
tapete (m) pequeno	ћилимче (с)	ćilímče
lareira (f)	камин (м)	kámin
vela (f)	свећа (ж)	svéća
castiçal (m)	свећњак (м)	svéćnjak
cortinas (f pl)	завесе (мн)	závese
papel (m) de parede	тапете (мн)	tapéte

estores (f pl)	ролетна (ж)	róletna
candeeiro (m) de mesa	стона лампа (ж)	stóna lámpa
candeeiro (m) de parede	зидна светиљка (ж)	zídna svétiljka
candeeiro (m) de pé	подна лампа (ж)	pódna lámpa
lustre (m)	лустер (м)	lúster
pé (de mesa, etc.)	нога (ж)	nóga
braço (m)	наслон (м) за руку	náslon za rúku
costas (f pl)	наслон (м)	náslon
gaveta (f)	фиока (ж)	fióka

70. Quarto de dormir

roupa (f) de cama	постељина (ж)	posteljína
almofada (f)	јастук (м)	jástuk
fronha (f)	јастучница (ж)	jástučnica
cobertor (m)	јорган (м)	jórgan
lençol (m)	чаршав (м)	čáršav
colcha (f)	покривач (м)	pokrívač

71. Cozinha

cozinha (f)	кухиња (ж)	kúhinja
gás (m)	гас (м)	gas
fogão (m) a gás	плински шпорет (м)	plínski špóret
fogão (m) elétrico	електрични шпорет (м)	eléktrični šporet
forno (m)	рерна (ж)	rérna
forno (m) de micro-ondas	микроталасна рерна (ж)	mikrotálasna rérna
frigorífico (m)	фрижидер (м)	frížider
congelador (m)	замрзивач (м)	zamrzívač
máquina (f) de lavar louça	машина (ж)	mašína
	за прање судова	za pránje súdova
moedor (m) de carne	млин (м) за месо	mlin za méso
espremedor (m)	соковник (м)	sókovnik
torradeira (f)	тостер (м)	tóster
batedeira (f)	миксер (м)	míkser
máquina (f) de café	апарат (м) за кафу	apárat za káfu
cafeteira (f)	лонче (с) за кафу	lónče za káfu
moinho (m) de café	млин (м) за кафу	mlin za káfu
chaleira (f)	кувало, чајник (м)	kúvalo, čájnik
bule (m)	чајник (м)	čájnik
tampa (f)	поклопац (м)	póklopac
coador (m) de chá	цедиљка (ж)	cédiljka
colher (f)	кашика (ж)	kášika
colher (f) de chá	кашичица (ж)	kášičica
colher (f) de sopa	супена кашика (ж)	súpena kášika
garfo (m)	виљушка (ж)	víljuška

faca (f)	нож (м)	nož
louça (f)	посуђе (с)	pósuđe
prato (m)	тањир (м)	tánjir
pires (m)	тацна (ж)	tácna

cálice (m)	чашица (ж)	čášica
copo (m)	чаша (ж)	čáša
chávena (f)	шоља (ж)	šólja

açucareiro (m)	шећерница (ж)	šéćernica
saleiro (m)	сланик (м)	slánik
pimenteiro (m)	биберница (ж)	bíbernica
manteigueira (f)	посуда (ж) за маслац	pósuda za máslac

panela, caçarola (f)	шерпа (ж), лонац (м)	šerpa, lónac
frigideira (f)	тигањ (м)	tíganj
concha (f)	кутлача (ж)	kútlača
passador (m)	цедиљка (ж)	cédiljka
bandeja (f)	послужавник (м)	poslúžavnik

garrafa (f)	боца, флаша (ж)	bóca, fláša
boião (m) de vidro	тегла (ж)	tégla
lata (f)	лименка (ж)	límenka

abre-garrafas (m)	отварач (м)	otvárač
abre-latas (m)	отварач (м)	otvárač
saca-rolhas (m)	вадичеп (м)	vádičep
filtro (m)	филтар (м)	fíltar
filtrar (vt)	филтрирати (пг)	filtrírati

lixo (m)	смеће, ђубре (с)	smeće, đúbre
balde (m) do lixo	канта (ж) за ђубре	kánta za đúbre

72. Casa de banho

quarto (m) de banho	купатило (с)	kupátilo
água (f)	вода (ж)	vóda
torneira (f)	славина (ж)	slávina
água (f) quente	топла вода (ж)	tópla vóda
água (f) fria	хладна вода (ж)	hládna vóda

pasta (f) de dentes	паста (ж) за зубе	pásta za zúbe
escovar os dentes	прати зубе	práti zúbe
escova (f) de dentes	четкица (ж) за зубе	čétkica za zúbe

barbear-se (vr)	бријати се	bríjati se
espuma (f) de barbear	пена (ж) за бријање	péna za bríjanje
máquina (f) de barbear	бријач (м)	bríjač

lavar (vt)	прати (пг)	práti
lavar-se (vr)	купати се	kúpati se
duche (m)	туш (м)	tuš
tomar um duche	туширати се	tušírati se
banheira (f)	када (ж)	káda

sanita (f)	ВЦ шоља (ж)	VC šólja
lavatório (m)	лавабо (м)	lavábo
sabonete (m)	сапун (м)	sápun
saboneteira (f)	кутија (ж) за сапун	kútija za sápun
esponja (f)	сунђер (м)	súnđer
champô (m)	шампон (м)	šámpon
toalha (f)	пешкир (м)	péškir
roupão (m) de banho	баде мантил (м)	báde mántil
lavagem (f)	прање (с)	pránje
máquina (f) de lavar	веш машина (ж)	veš mašína
lavar a roupa	прати веш	práti veš
detergente (m)	прашак (м) за веш	prášak za veš

73. Eletrodomésticos

televisor (m)	телевизор (м)	televízor
gravador (m)	касетофон (м)	kasetofon
videogravador (m)	видео рекордер (м)	vídeo rekórder
rádio (m)	радио (м)	rádio
leitor (m)	плејер (м)	pléjer
projetor (m)	видео пројектор (м)	vídeo projéktor
cinema (m) em casa	кућни биоскоп (м)	kúćni bíoskop
leitor (m) de DVD	ДВД плејер (м)	DVD plejer
amplificador (m)	појачало (с)	pojáčalo
console (f) de jogos	играћа конзола (ж)	ígraća konzóla
câmara (f) de vídeo	видеокамера (ж)	vídeokámera
máquina (f) fotográfica	фотоапарат (м)	fotoapárat
câmara (f) digital	дигитални фотоапарат (м)	dígitalni fotoapárat
aspirador (m)	усисивач (м)	usisívač
ferro (m) de engomar	пегла (ж)	pégla
tábua (f) de engomar	даска (ж) за пеглање	dáska za péglanje
telefone (m)	телефон (м)	teléfon
telemóvel (m)	мобилни телефон (м)	móbilni teléfon
máquina (f) de escrever	писаћа машина (ж)	písaća mašína
máquina (f) de costura	шиваћа машина (ж)	šívaća mašína
microfone (m)	микрофон (м)	míkrofon
auscultadores (m pl)	слушалице (мн)	slúšalice
controlo remoto (m)	даљински управљач (м)	daljínski uprávljač
CD (m)	ЦД диск (м)	CD disk
cassete (f)	касета (ж)	kaséta
disco (m) de vinil	плоча (ж)	plóča

A TERRA. TEMPO

74. Espaço sideral

cosmos (m)	свемир (м)	svémir
cósmico	космички	kósmički
espaço (m) cósmico	свемирски простор (м)	svémirski próstor
mundo (m)	свет (м)	svet
universo (m)	универзум (м)	univérzum
galáxia (f)	галаксија (ж)	galáksija
estrela (f)	звезда (ж)	zvézda
constelação (f)	сазвежђе (с)	sázvežđe
planeta (m)	планета (ж)	planéta
satélite (m)	сателит (м)	satélit
meteorito (m)	метеорит (м)	meteórit
cometa (m)	комета (ж)	kométa
asteroide (m)	астероид (м)	asteróid
órbita (f)	путања, орбита (ж)	pútanja, órbita
girar (vi)	окретати се	okrétati se
atmosfera (f)	атмосфера (ж)	atmosféra
Sol (m)	Сунце (с)	Súnce
Sistema (m) Solar	Сунчев систем (м)	Súnčev sístem
eclipse (m) solar	Помрачење (с) Сунца	Pomračénje Súnca
Terra (f)	Земља (ж)	Zémlja
Lua (f)	Месец (м)	Mésec
Marte (m)	Марс (м)	Mars
Vénus (f)	Венера (ж)	Venéra
Júpiter (m)	Јупитер (м)	Júpiter
Saturno (m)	Сатурн (м)	Sáturn
Mercúrio (m)	Меркур (м)	Mérkur
Urano (m)	Уран (м)	Uran
Neptuno (m)	Нептун (м)	Néptun
Plutão (m)	Плутон (м)	Plúton
Via Láctea (f)	Млечни пут (м)	Mléčni put
Ursa Maior (f)	Велики медвед (м)	Véliki médved
Estrela Polar (f)	Северњача (ж)	Sevérnjača
marciano (m)	марсовац (м)	marsóvac
extraterrestre (m)	ванземаљац (м)	vanzemáljac
alienígena (m)	свемирац (м)	svemírac
disco (m) voador	летећи тањир (м)	léteći tánjir
nave (f) espacial	свемирски брод (м)	svémirski brod

estação (f) orbital	орбитална станица (ж)	órbitalna stánica
lançamento (m)	лансирање (c)	lánsiranje
motor (m)	мотор (м)	mótor
bocal (m)	млазница (ж)	mláznica
combustível (m)	гориво (c)	górivo

cabine (f)	кабина (ж)	kabína
antena (f)	антена (ж)	anténa
vigia (f)	бродски прозор (м)	bródski prózor
bateria (f) solar	соларни панел (м)	sólarni pánel
traje (m) espacial	скафандар (м)	skafándar

imponderabilidade (f)	бестежинско стање (c)	béstežinsko stánje
oxigénio (m)	кисеоник (м)	kiseónik
acoplagem (f)	пристајање (c)	prístajanje
fazer uma acoplagem	спајати се (нг)	spájati se

observatório (m)	опсерваторија (ж)	opservatórija
telescópio (m)	телескоп (м)	téleskop
observar (vt)	посматрати (нг)	posmátrati
explorar (vt)	истраживати (пг)	istražívati

75. A Terra

Terra (f)	Земља (ж)	Zémlja
globo terrestre (Terra)	земљина кугла (ж)	zémljina kúgla
planeta (m)	планета (ж)	planéta

atmosfera (f)	атмосфера (ж)	atmosféra
geografia (f)	географија (ж)	geográfija
natureza (f)	природа (ж)	príroda

globo (mapa esférico)	глобус (м)	glóbus
mapa (m)	мапа (ж)	mápa
atlas (m)	атлас (м)	átlas

Europa (f)	Европа (ж)	Evrópa
Ásia (f)	Азија (ж)	Ázija
África (f)	Африка (ж)	Áfrika
Austrália (f)	Аустралија (ж)	Austrálija

América (f)	Америка (ж)	Amérika
América (f) do Norte	Северна Америка (ж)	Séverna Amérika
América (f) do Sul	Јужна Америка (ж)	Júžna Amérika

| Antártida (f) | Антарктик (м) | Antárktik |
| Ártico (m) | Арктик (м) | Árktik |

76. Pontos cardeais

| norte (m) | север (м) | séver |
| para norte | према северу | préma séveru |

| no norte | на северу | na séveru |
| do norte | северни | séverni |

sul (m)	југ (м)	jug
para sul	према југу	préma júgu
no sul	на југу	na júgu
do sul	јужни	júžni

oeste, ocidente (m)	запад (м)	západ
para oeste	према западу	préma západu
no oeste	на западу	na západu
ocidental	западни	západni

leste, oriente (m)	исток (м)	ístok
para leste	према истоку	préma ístoku
no leste	на истоку	na ístoku
oriental	источни	ístočni

77. Mar. Oceano

mar (m)	море (с)	móre
oceano (m)	океан (м)	okéan
golfo (m)	залив (м)	záliv
estreito (m)	мореуз (м)	móreuz

terra (f) firme	копно (с)	kópno
continente (m)	континент (м)	kontínent
ilha (f)	острво (с)	óstrvo
península (f)	полуострво (с)	poluóstrvo
arquipélago (m)	архипелаг (м)	arhipélag

baía (f)	залив (м)	záliv
porto (m)	лука (ж)	lúka
lagoa (f)	лагуна (ж)	lagúna
cabo (m)	рт (м)	ŕt

atol (m)	атол (м)	átol
recife (m)	гребен (м)	grében
coral (m)	корал (м)	kóral
recife (m) de coral	корални гребен (м)	kóralni grében

profundo	дубок	dúbok
profundidade (f)	дубина (ж)	dubína
abismo (m)	бездан (м)	bézdan
fossa (f) oceânica	ров (м)	rov

| corrente (f) | струја (ж) | strúja |
| banhar (vt) | окруживати (пг) | okružívati |

| litoral (m) | обала (ж) | óbala |
| costa (f) | обала (ж) | óbala |

| maré (f) alta | плима (ж) | plíma |
| refluxo (m), maré (f) baixa | осека (ж) | óseka |

restinga (f)	плићак (м)	plíćak
fundo (m)	дно (с)	dno
onda (f)	талас (м)	tálas
crista (f) da onda	гребен (м) таласа	grében talasá
espuma (f)	пена (ж)	péna
tempestade (f)	морска олуја (ж)	mórska olúja
furacão (m)	ураган (м)	úragan
tsunami (m)	цунами (м)	cunámi
calmaria (f)	безветрица (ж)	bézvetrica
calmo	миран	míran
polo (m)	пол (м)	pol
polar	поларни	pólarni
latitude (f)	ширина (ж)	šiρína
longitude (f)	дужина (ж)	dužína
paralela (f)	паралела (ж)	paraléla
equador (m)	екватор (м)	ékvator
céu (m)	небо (с)	nébo
horizonte (m)	хоризонт (м)	horízont
ar (m)	ваздух (м)	vázduh
farol (m)	светионик (м)	svetiónik
mergulhar (vi)	ронити (нг)	róniti
afundar-se (vr)	потонути (нг)	potónuti
tesouros (m pl)	благо (с)	blágo

78. Nomes de Mares e Oceanos

Oceano (m) Atlântico	Атлантски океан (м)	Átlantski okéan
Oceano (m) Índico	Индијски океан (м)	Índijski okéan
Oceano (m) Pacífico	Тихи океан (м)	Tíhi okéan
Oceano (m) Ártico	Северни Ледени океан (м)	Séverni Lédeni okéan
Mar (m) Negro	Црно море (с)	Cŕno móre
Mar (m) Vermelho	Црвено море (с)	Cŕveno móre
Mar (m) Amarelo	Жуто море (с)	Žúto móre
Mar (m) Branco	Бело море (с)	Bélo móre
Mar (m) Cáspio	Каспијско море (с)	Káspijsko móre
Mar (m) Morto	Мртво море (с)	Mŕtvo móre
Mar (m) Mediterrâneo	Средоземно море (с)	Sredózemno móre
Mar (m) Egeu	Егејско море (с)	Egejsko móre
Mar (m) Adriático	Јадранско море (с)	Jádransko móre
Mar (m) Arábico	Арабијско море (с)	Arábijsko móre
Mar (m) do Japão	Јапанско море (с)	Jápansko móre
Mar (m) de Bering	Берингово море (с)	Béringovo móre
Mar (m) da China Meridional	Јужно Кинеско море (с)	Južno Kinésko móre
Mar (m) de Coral	Корално море (с)	Kóralno more

Mar (m) de Tasman	Тасманово море (c)	Tasmánovo móre
Mar (m) do Caribe	Карипско море (c)	Káripsko móre
Mar (m) de Barents	Баренцово море (c)	Bárencovo móre
Mar (m) de Kara	Карско море (c)	Kársko móre
Mar (m) do Norte	Северно море (c)	Séverno móre
Mar (m) Báltico	Балтичко море (c)	Báltičko móre
Mar (m) da Noruega	Норвешко море (c)	Nórveško móre

79. Montanhas

montanha (f)	планина (ж)	planína
cordilheira (f)	планински венац (м)	pláninski vénac
serra (f)	планински гребен (м)	pláninski grében
cume (m)	врх (м)	vŕh
pico (m)	плански врх (м)	plániski vŕh
sopé (m)	подножје (c)	pódnožje
declive (m)	нагиб (м), падина (ж)	nágib, pádina
vulcão (m)	вулкан (м)	vúlkan
vulcão (m) ativo	активни вулкан (м)	áktivni vúlkan
vulcão (m) extinto	угашени вулкан (м)	úgašeni vúlkan
erupção (f)	ерупција (ж)	erúpcija
cratera (f)	кратер (м)	kráter
magma (m)	магма (ж)	mágma
lava (f)	лава (ж)	láva
fundido (lava ~a)	врућ	vruć
desfiladeiro (m)	кањон (м)	kánjon
garganta (f)	клисура (ж)	klisúra
fenda (f)	пукотина (ж)	púkotina
precipício (m)	амбис, понор (м)	ámbis, pónor
passo, colo (m)	превој (м)	prévoj
planalto (m)	висораван (ж)	vísoravan
falésia (f)	литица (ж)	lítica
colina (f)	брег (м)	breg
glaciar (m)	леденик (м)	ledénik
queda (f) d'água	водопад (м)	vódopad
géiser (m)	гејзер (м)	géjzer
lago (m)	језеро (c)	jézero
planície (f)	равница (ж)	ravníca
paisagem (f)	пејзаж (м)	péjzaž
eco (m)	одјек (м)	ódjek
alpinista (m)	планинар (м)	planínar
escalador (m)	алпиниста (м)	alpinísta
conquistar (vt)	освајати (пг)	osvájati
subida, escalada (f)	пењање (c)	pénjanje

80. Nomes de montanhas

Alpes (m pl)	Алпи (мн)	Álpi
monte Branco (m)	Монблан (м)	Mónblan
Pirineus (m pl)	Пиренеји (мн)	Pirenéji
Cárpatos (m pl)	Карпати (мн)	Karpáti
montes (m pl) Urais	Уралске планине (мн)	Uralske planíne
Cáucaso (m)	Кавказ (м)	Kávkaz
Elbrus (m)	Елбрус (м)	Elbrus
Altai (m)	Алтај (м)	Altaj
Tian Shan (m)	Тјен Шан, Тјаншан (м)	Tjen Šan, Tjánšan
Pamir (m)	Памир (м)	Pámir
Himalaias (m pl)	Хималаји (мн)	Himaláji
monte (m) Everest	Еверест (м)	Everest
Cordilheira (f) dos Andes	Анди (мн)	Andi
Kilimanjaro (m)	Килиманџаро (м)	Kilimandžáro

81. Rios

rio (m)	река (ж)	réka
fonte, nascente (f)	извор (м)	ízvor
leito (m) do rio	корито (с)	kórito
bacia (f)	слив (м)	sliv
desaguar no ...	уливати се	ulívati se
afluente (m)	притока (ж)	prítoka
margem (do rio)	обала (ж)	óbala
corrente (f)	ток (м)	tok
rio abaixo	низводно	nízvodno
rio acima	узводно	úzvodno
inundação (f)	поплава (ж)	póplava
cheia (f)	поводањ (м)	póvodanj
transbordar (vi)	изливати се	izlívati se
inundar (vt)	преплавити (пг)	prepláviti
banco (m) de areia	плићак (м)	plíćak
rápidos (m pl)	брзак (м)	bŕzak
barragem (f)	брана (ж)	brána
canal (m)	канал (м)	kánal
reservatório (m) de água	вештачко језеро (с)	véštačko jézero
eclusa (f)	преводница (ж)	prévodnica
corpo (m) de água	резервоар (м)	rezervóar
pântano (m)	мочвара (ж)	móčvara
tremedal (m)	баруштина (ж)	báruština
remoinho (m)	вртлог (м)	vŕtlog
arroio, regato (m)	поток (м)	pótok

| potável | питка | pítka |
| doce (água) | слатка | slátka |

| gelo (m) | лед (м) | led |
| congelar-se (vr) | смрзнути се | smŕznuti se |

82. Nomes de rios

| rio Sena (m) | Сена (ж) | Séna |
| rio Loire (m) | Лоара (ж) | Loára |

rio Tamisa (m)	Темза (ж)	Témza
rio Reno (m)	Рајна (ж)	Rájna
rio Danúbio (m)	Дунав (м)	Dúnav

rio Volga (m)	Волга (ж)	Vólga
rio Don (m)	Дон (м)	Don
rio Lena (m)	Лена (ж)	Léna

rio Amarelo (m)	Хуангхе (м)	Huánghe
rio Yangtzé (m)	Јангце (м)	Jangcé
rio Mekong (m)	Меконг (м)	Mékong
rio Ganges (m)	Ганг (м)	Gang

rio Nilo (m)	Нил (м)	Nil
rio Congo (m)	Конго (м)	Kóngo
rio Cubango (m)	Окаванго (м)	Okavángo
rio Zambeze (m)	Замбези (м)	Zambézi
rio Limpopo (m)	Лимпопо (м)	Limpópo
rio Mississípi (m)	Мисисипи (м)	Misisípi

83. Floresta

| floresta (f), bosque (m) | шума (ж) | šúma |
| florestal | шумски | šúmski |

mata (f) cerrada	честар (м)	čéstar
arvoredo (m)	шумарак (м)	šumárak
clareira (f)	пропланак (м)	próplanak

| matagal (m) | шипраг (м), шикара (ж) | šíprag, šíkara |
| mato (m) | жбуње (с) | žbúnje |

| vereda (f) | стаза (ж) | stáza |
| ravina (f) | јаруга (ж) | járuga |

árvore (f)	дрво (с)	dŕvo
folha (f)	лист (м)	list
folhagem (f)	лишће (с)	líšće

| queda (f) das folhas | листопад (м) | lístopad |
| cair (vi) | опадати (нг) | ópadati |

topo (m)	врх (м)	vȓh
ramo (m)	грана (ж)	grána
galho (m)	грана (ж)	grána
botão, rebento (m)	пупољак (м)	púpoljak
agulha (f)	иглица (ж)	íglica
pinha (f)	шишарка (ж)	šȋšarka

buraco (m) de árvore	дупља (ж)	dúplja
ninho (m)	гнездо (с)	gnézdo
toca (f)	јазбина, рупа (ж)	jázbina, rúpa

tronco (m)	стабло (с)	stáblo
raiz (f)	корен (м)	kóren
casca (f) de árvore	кора (ж)	kóra
musgo (m)	маховина (ж)	máhovina

arrancar pela raiz	крчити (пг)	kȑčiti
cortar (vt)	сећи (пг)	séći
desflorestar (vt)	крчити шуму	krčiti šúmu
toco, cepo (m)	пањ (м)	panj

fogueira (f)	логорска ватра (ж)	lógorska vátra
incêndio (m) florestal	шумски пожар (м)	šúmski póžar
apagar (vt)	гасити (пг)	gásiti

guarda-florestal (m)	шумар (м)	šúmar
proteção (f)	заштита (ж)	záštita
proteger (a natureza)	штитити (пг)	štítiti
caçador (m) furtivo	ловокрадица (м)	lovokrádica
armadilha (f)	замка (ж)	zámka

| colher (cogumelos, bagas) | брати (пг) | bráti |
| perder-se (vr) | залутати (нг) | zalútati |

84. Recursos naturais

recursos (m pl) naturais	природна богатства (мн)	prírodna bógatstva
minerais (m pl)	рудна богатства (мн)	rúdna bógatstva
depósitos (m pl)	лежишта (мн)	léžišta
jazida (f)	налазиште (с)	nálazište

extrair (vt)	добијати (пг)	dobíjati
extração (f)	добијање (с)	dobíjanje
minério (m)	руда (ж)	rúda
mina (f)	рудник (м)	rúdnik
poço (m) de mina	рударско окно (с)	rúdarsko ókno
mineiro (m)	рудар (м)	rúdar

| gás (m) | гас (м) | gas |
| gasoduto (m) | плиновод (м) | plínovod |

petróleo (m)	нафта (ж)	náfta
oleoduto (m)	нафтовод (м)	náftovod
poço (m) de petróleo	нафтна бушотина (ж)	náftna búšotina

torre (f) petrolífera	нафтна платформа (ж)	náftna plátforma
petroleiro (m)	танкер (м)	tánker
areia (f)	песак (м)	pésak
calcário (m)	кречњак (м)	kréčnjak
cascalho (m)	шљунак (м)	šljúnak
turfa (f)	тресет (м)	tréset
argila (f)	глина (ж)	glína
carvão (m)	угаљ (м)	úgalj
ferro (m)	гвожђе (c)	gvóžđe
ouro (m)	злато (c)	zláto
prata (f)	сребро (c)	srébro
níquel (m)	никл (м)	nikl
cobre (m)	бакар (м)	bákar
zinco (m)	цинк (м)	cink
manganês (m)	манган (м)	mángan
mercúrio (m)	жива (ж)	žíva
chumbo (m)	олово (c)	ólovo
mineral (m)	минерал (м)	míneral
cristal (m)	кристал (м)	krístal
mármore (m)	мермер, мрамор (м)	mérmer, mrámor
urânio (m)	уран (м)	úran

85. Tempo

tempo (m)	време (c)	vréme
previsão (f) do tempo	временска прогноза (ж)	vrémenska prognóza
temperatura (f)	температура (ж)	temperatúra
termómetro (m)	термометар (м)	térmometar
barómetro (m)	барометар (м)	bárometar
húmido	влажан	vlážan
humidade (f)	влажност (ж)	vlážnost
calor (m)	врућина (ж)	vrućína
cálido	врућ	vruć
está muito calor	вруће је	vrúće je
está calor	топло је	tóplo je
quente	топао	tópao
está frio	хладно је	hládno je
frio	хладан	hládan
sol (m)	сунце (c)	súnce
brilhar (vi)	сијати (нг)	síjati
de sol, ensolarado	сунчан	súnčan
nascer (vi)	изаћи (нг)	ízaći
pôr-se (vr)	заћи (нг)	záći
nuvem (f)	облак (м)	óblak
nublado	облачан	óblačan

nuvem (f) preta	кишни облак (м)	kíšni óblak
escuro, cinzento	тмуран	tmúran
chuva (f)	киша (ж)	kíša
está a chover	пада киша	páda kíša
chuvoso	кишовит	kišóvit
chuviscar (vi)	сипити (нг)	sípiti
chuva (f) torrencial	пљусак (м)	pljúsak
chuvada (f)	пљусак (м)	pljúsak
forte (chuva)	јак	jak
poça (f)	бара (ж)	bára
molhar-se (vr)	покиснути (нг)	pókisnuti
nevoeiro (m)	магла (ж)	mágla
de nevoeiro	магловит	maglóvit
neve (f)	снег (м)	sneg
está a nevar	пада снег	páda sneg

86. Tempo extremo. Catástrofes naturais

trovoada (f)	олуја (ж)	olúja
relâmpago (m)	муња (ж)	múnja
relampejar (vi)	севати (нг)	sévati
trovão (m)	гром (м)	grom
trovejar (vi)	грмети (нг)	gŕmeti
está a trovejar	грми	gŕmi
granizo (m)	град (м)	grad
está a cair granizo	пада град	páda grad
inundar (vt)	поплавити (пг)	póplaviti
inundação (f)	поплава (ж)	póplava
terremoto (m)	земљотрес (м)	zémljotres
abalo, tremor (m)	потрес (м)	pótres
epicentro (m)	епицентар (м)	epicéntar
erupção (f)	ерупција (ж)	erúpcija
lava (f)	лава (ж)	láva
turbilhão (m)	вихор (м)	víhor
tornado (m)	торнадо (м)	tórnado
tufão (m)	тајфун (м)	tájfun
furacão (m)	ураган (м)	úragan
tempestade (f)	олуја (ж)	olúja
tsunami (m)	цунами (м)	cunámi
ciclone (m)	циклон (м)	cíklon
mau tempo (m)	невреме (с)	névreme
incêndio (m)	пожар (м)	póžar
catástrofe (f)	катастрофа (ж)	katastrófa

meteorito (m)	**метеорит** (м)	meteórit
avalanche (f)	**лавина** (ж)	lávina
deslizamento (m) de neve	**усов** (м)	úsov
nevasca (f)	**међава** (ж)	méćava
tempestade (f) de neve	**међава, вејавица** (ж)	méćava, véjavica

FAUNA

predador (m)	предатор, грабљивац (м)	prédator, grábljivac
tigre (m)	тигар (м)	tígar
leão (m)	лав (м)	lav
lobo (m)	вук (м)	vuk
raposa (f)	лисица (ж)	lísica

jaguar (m)	јагуар (м)	jáguar
leopardo (m)	леопард (м)	léopard
chita (f)	гепард (м)	gépard

pantera (f)	пантер (м)	pánter
puma (m)	пума (ж)	púma
leopardo-das-neves (m)	снежни леопард (м)	snéžni léopard
lince (m)	рис (м)	ris

coiote (m)	којот (м)	kójot
chacal (m)	шакал (м)	šákal
hiena (f)	хијена (ж)	hijéna

| animal (m) | животиња (ж) | žívótinja |
| besta (f) | звер (м) | zver |

esquilo (m)	веверица (ж)	véverica
ouriço (m)	јеж (м)	jež
lebre (f)	зец (м)	zec
coelho (m)	кунић (м)	kúnić

texugo (m)	јазавац (м)	jázavac
guaxinim (m)	ракун (м)	rákun
hamster (m)	хрчак (м)	hŕčak
marmota (f)	мрмот (м)	mŕmot

toupeira (f)	кртица (ж)	kŕtica
rato (m)	миш (ж)	miš
ratazana (f)	пацов (м)	pácov
morcego (m)	слепи миш (м)	slépi miš

arminho (m)	хермелин (м)	hérmelin
zibelina (f)	самур (м)	sámur
marta (f)	куна (ж)	kúna
doninha (f)	ласица (ж)	lásica
vison (m)	нерц, визон (м)	nerc, vízon

| castor (m) | дабар (м) | dábar |
| lontra (f) | видра (ж) | vídra |

cavalo (m)	коњ (м)	konj
alce (m)	лос (м)	los
veado (m)	јелен (м)	jélen
camelo (m)	камила (ж)	kámila

bisão (m)	бизон (м)	bízon
auroque (m)	зубар (м)	zúbar
búfalo (m)	бивол (м)	bívol

zebra (f)	зебра (ж)	zébra
antílope (m)	антилопа (ж)	antilópa
corça (f)	срна (ж)	sŕna
gamo (m)	јелен лопатар (м)	jélen lópatar
camurça (f)	дивокоза (ж)	dívokoza
javali (m)	вепар (м)	vépar

baleia (f)	кит (м)	kit
foca (f)	фока (ж)	fóka
morsa (f)	морж (м)	morž
urso-marinho (m)	фока (ж)	fóka
golfinho (m)	делфин (м)	délfin

urso (m)	медвед (м)	médved
urso (m) branco	бели медвед (м)	béli médved
panda (m)	панда (ж)	pánda

macaco (em geral)	мајмун (м)	májmun
chimpanzé (m)	шимпанза (ж)	šimpánza
orangotango (m)	орангутан (м)	orangútan
gorila (m)	горила (ж)	goríla
macaco (m)	макаки (м)	makáki
gibão (m)	гибон (м)	gíbon

elefante (m)	слон (м)	slon
rinoceronte (m)	носорог (м)	nósorog
girafa (f)	жирафа (ж)	žiráfa
hipopótamo (m)	нилски коњ (м)	nílski konj

| canguru (m) | кенгур (м) | kéngur |
| coala (m) | коала (ж) | koála |

mangusto (m)	мунгос (м)	múngos
chinchila (m)	чинчила (ж)	čínčila
doninha-fedorenta (f)	твор (м)	tvor
porco-espinho (m)	дикобраз (м)	díkobraz

89. Animais domésticos

gata (f)	мачка (ж)	máčka
gato (m) macho	мачак (м)	máčak
cão (m)	пас (м)	pas

cavalo (m)	коњ (м)	konj
garanhão (m)	ждребац (м)	ždrébac
égua (f)	кобила (ж)	kóbila
vaca (f)	крава (ж)	kráva
touro (m)	бик (м)	bik
boi (m)	во (м)	vo
ovelha (f)	овца (ж)	óvca
carneiro (m)	ован (м)	óvan
cabra (f)	коза (ж)	kóza
bode (m)	јарац (м)	járac
burro (m)	магарац (м)	mágarac
mula (f)	мазга (ж)	mázga
porco (m)	свиња (ж)	svínja
leitão (m)	прасе (с)	práse
coelho (m)	кунић, домаћи зец (м)	kúnić, dómaći zec
galinha (f)	кокош (ж)	kókoš
galo (m)	певац (м)	pévac
pata (f)	патка (ж)	pátka
pato (macho)	патак (м)	pátak
ganso (m)	гуска (ж)	gúska
peru (m)	ћуран (м)	ćúran
perua (f)	ћурка (ж)	ćúrka
animais (m pl) domésticos	домаће животиње (мн)	domáće živótinje
domesticado	питом	pítom
domesticar (vt)	припитомљивати (пг)	pripitomljívati
criar (vt)	узгајати (пг)	uzgájati
quinta (f)	фарма (ж)	fárma
aves (f pl) domésticas	живина (ж)	živína
gado (m)	стока (ж)	stóka
rebanho (m), manada (f)	стадо (с)	stádo
estábulo (m)	штала (ж)	štála
pocilga (f)	свињац (м)	svínjac
estábulo (m)	стаја (ж)	stája
coelheira (f)	зечињак (м)	zéčinjak
galinheiro (m)	кокошињац (м)	kókošinjac

90. Pássaros

pássaro (m), ave (f)	птица (ж)	ptíca
pombo (m)	голуб (м)	gólub
pardal (m)	врабац (м)	vrábac
chapim-real (m)	сеница (ж)	sénica
pega-rabuda (f)	сврака (ж)	svráka
corvo (m)	гавран (м)	gávran

Português	Sérvio	Pronúncia
gralha (f) cinzenta	врана (ж)	vrána
gralha-de-nuca-cinzenta (f)	чавка (ж)	čávka
gralha-calva (f)	гачац (м)	gáčac
pato (m)	патка (ж)	pátka
ganso (m)	гуска (ж)	gúska
faisão (m)	фазан (м)	fázan
águia (f)	орао (м)	órao
açor (m)	јастреб (м)	jástreb
falcão (m)	соко (м)	sóko
abutre (m)	суп (м)	sup
condor (m)	кондор (м)	kóndor
cisne (m)	лабуд (м)	lábud
grou (m)	ждрал (м)	ždral
cegonha (f)	рода (ж)	róda
papagaio (m)	папагај (м)	papágaj
beija-flor (m)	колибри (м)	kolíbri
pavão (m)	паун (м)	páun
avestruz (m)	ној (м)	noj
garça (f)	чапља (ж)	čáplja
flamingo (m)	фламинго (м)	flamíngo
pelicano (m)	пеликан (м)	pelíkan
rouxinol (m)	славуј (м)	slávuj
andorinha (f)	ластавица (ж)	lástavica
tordo-zornal (m)	дрозд (м)	drozd
tordo-músico (m)	дрозд певач (м)	drozd peváč
melro-preto (m)	кос (м)	kos
andorinhão (m)	брегуница (ж)	brégunica
cotovia (f)	шева (ж)	šéva
codorna (f)	препелица (ж)	prépelica
pica-pau (m)	детлић (м)	détlić
cuco (m)	кукавица (ж)	kúkavica
coruja (f)	сова (ж)	sóva
corujão, bufo (m)	совуљага (ж)	sovúljaga
tetraz-grande (m)	велики тетреб (м)	véliki tétreb
tetraz-lira (m)	мали тетреб (м)	máli tétreb
perdiz-cinzenta (f)	јаребица (ж)	jarébica
estorninho (m)	чворак (м)	čvórak
canário (m)	канаринац (м)	kanarínac
galinha-do-mato (f)	лештарка (ж)	léštarka
tentilhão (m)	зеба (ж)	zéba
dom-fafe (m)	зимовка (ж)	zímovka
gaivota (f)	галеб (м)	gáleb
albatroz (m)	албатрос (м)	álbatros
pinguim (m)	пингвин (м)	píngvin

91. Peixes. Animais marinhos

brema (f)	деверика (ж)	devérika
carpa (f)	шаран (м)	šáran
perca (f)	гргеч (м)	gŕgeč
siluro (m)	сом (м)	som
lúcio (m)	штука (ж)	štúka
salmão (m)	лосос (м)	lósos
esturjão (m)	јесетра (ж)	jésetra
arenque (m)	харинга (ж)	háringa
salmão (m)	атлантски лосос (м)	átlantski lósos
cavala, sarda (f)	скуша (ж)	skúša
solha (f)	лист (м)	list
lúcio perca (m)	смуђ (м)	smuđ
bacalhau (m)	бакалар (м)	bakálar
atum (m)	туна (ж), туњ (м)	tuna, tunj
truta (f)	пастрмка (ж)	pástrmka
enguia (f)	јегуља (ж)	jégulja
raia elétrica (f)	ража (ж)	ráža
moreia (f)	мурина (ж)	múrina
piranha (f)	пирана (ж)	pirána
tubarão (m)	ајкула (ж)	ájkula
golfinho (m)	делфин (м)	délfin
baleia (f)	кит (м)	kit
caranguejo (m)	краба (ж)	krába
medusa, alforreca (f)	медуза (ж)	medúza
polvo (m)	хоботница (ж)	hóbotnica
estrela-do-mar (f)	морска звезда (ж)	mórska zvézda
ouriço-do-mar (m)	морски јеж (м)	mórski jež
cavalo-marinho (m)	морски коњић (м)	mórski kónjić
ostra (f)	острига (ж)	óstriga
camarão (m)	шкамп (м)	škamp
lavagante (m)	хлап (м)	hlap
lagosta (f)	јастог (м)	jástog

92. Amfíbios. Répteis

serpente, cobra (f)	змија (ж)	zmíja
venenoso	отрован	ótrovan
víbora (f)	шарка (ж)	šárka
cobra-capelo, naja (f)	кобра (ж)	kóbra
pitão (m)	питон (м)	píton
jiboia (f)	удав (м)	údav
cobra-de-água (f)	белоушка (ж)	beloúška

| cascavel (f) | звечарка (ж) | zvéčarka |
| anaconda (f) | анаконда (ж) | anakónda |

lagarto (m)	гуштер (м)	gúšter
iguana (f)	игуана (ж)	iguána
varano (m)	варан (м)	váran
salamandra (f)	даждевњак (м)	daždévnjak
camaleão (m)	камелеон (м)	kameléon
escorpião (m)	шкорпија (ж)	škórpija

tartaruga (f)	корњача (ж)	kórnjača
rã (f)	жаба (ж)	žába
sapo (m)	крастача (ж)	krástača
crocodilo (m)	крокодил (м)	krokódil

93. Insetos

inseto (m)	инсект (м)	ínsekt
borboleta (f)	лептир (м)	léptir
formiga (f)	мрав (м)	mrav
mosca (f)	мува (ж)	múva
mosquito (m)	комарац (м)	komárac
escaravelho (m)	буба (ж)	búba

vespa (f)	оса (ж)	ósa
abelha (f)	пчела (ж)	pčéla
mamangava (f)	бумбар (м)	búmbar
moscardo (m)	обад (м)	óbad

| aranha (f) | паук (м) | páuk |
| teia (f) de aranha | паучина (ж) | páučina |

libélula (f)	вилин коњиц (м)	vílin kónjic
gafanhoto-do-campo (m)	скакавац (м)	skákavac
traça (f)	мољац (м)	móljac

barata (f)	бубашваба (ж)	bubašvába
carraça (f)	крпељ (м)	kŕpelj
pulga (f)	бува (ж)	búva
borrachudo (m)	мушица (ж)	múšica

gafanhoto (m)	миграторни скакавац (м)	mígratorni skákavac
caracol (m)	пуж (м)	puž
grilo (m)	цврчак (м)	cvŕčak
pirilampo (m)	свитац (м)	svítac
joaninha (f)	бубамара (ж)	bubamára
besouro (m)	гундељ (м)	gúndelj

sanguessuga (f)	пијавица (ж)	píjavica
lagarta (f)	гусеница (ж)	gúsenica
minhoca (f)	црв (м)	cŕv
larva (f)	ларва (ж)	lárva

FLORA

94. Árvores

árvore (f)	дрво (c)	dŕvo
decídua	листопадно	lístopadno
conífera	четинарско	čétinarsko
perene	зимзелено	zímzeleno
macieira (f)	јабука (ж)	jábuka
pereira (f)	крушка (ж)	krúška
cerejeira (f)	трешња (ж)	tréšnja
ginjeira (f)	вишња (ж)	víšnja
ameixeira (f)	шљива (ж)	šljíva
bétula (f)	бреза (ж)	bréza
carvalho (m)	храст (м)	hrast
tília (f)	липа (ж)	lípa
choupo-tremedor (m)	јасика (ж)	jásika
bordo (m)	јавор (м)	jávor
espruce-europeu (m)	јела (ж)	jéla
pinheiro (m)	бор (м)	bor
alerce, lariço (m)	ариш (м)	áriš
abeto (m)	јела (ж)	jéla
cedro (m)	кедар (м)	kédar
choupo, álamo (m)	топола (ж)	topóla
tramazeira (f)	јаребика (ж)	járebika
salgueiro (m)	врба (ж)	vŕba
amieiro (m)	јова (ж)	jóva
faia (f)	буква (ж)	búkva
ulmeiro (m)	брест (м)	brest
freixo (m)	јасен (м)	jásen
castanheiro (m)	кестен (м)	késten
magnólia (f)	магнолија (ж)	magnólija
palmeira (f)	палма (ж)	pálma
cipreste (m)	чемпрес (м)	čémpres
mangue (m)	мангрово дрво (c)	mángrovo dŕvo
embondeiro, baobá (m)	баобаб (м)	báobab
eucalipto (m)	еукалиптус (м)	eukalíptus
sequoia (f)	секвоја (ж)	sekvója

95. Arbustos

arbusto (m)	грм, жбун (м)	gŕm, žbun
arbusto (m), moita (f)	жбун (м)	žbun

| videira (f) | винова лоза (ж) | vínova lóza |
| vinhedo (m) | виноград (м) | vínograd |

framboeseira (f)	малина (ж)	málina
groselheira-preta (f)	црна рибизла (ж)	cŕna ríbizla
groselheira-vermelha (f)	црвена рибизла (ж)	crvéna ríbizla
groselheira (f) espinhosa	огрозд (м)	ógrozd

acácia (f)	багрем (м)	bágrem
bérberis (f)	жутика, шимширика (ж)	žútika, šimšírika
jasmim (m)	јасмин (м)	jásmin

junípero (m)	клека (ж)	kléka
roseira (f)	ружин грм (м)	rúžin gŕm
roseira (f) brava	шипак (м)	šípak

96. Frutos. Bagas

fruta (f)	воћка (ж)	vóćka
frutas (f pl)	воће, плодови (мн)	vóće, plódovi
maçã (f)	јабука (ж)	jábuka
pera (f)	крушка (ж)	krúška
ameixa (f)	шљива (ж)	šljíva

morango (m)	јагода (ж)	jágoda
ginja (f)	вишња (ж)	víšnja
cereja (f)	трешња (ж)	tréšnja
uva (f)	грожђе (с)	gróžđe

framboesa (f)	малина (ж)	málina
groselha (f) preta	црна рибизла (ж)	cŕna ríbizla
groselha (f) vermelha	црвена рибизла (ж)	crvéna ríbizla
groselha (f) espinhosa	огрозд (м)	ógrozd
oxicoco (m)	брусница (ж)	brúsnica

laranja (f)	наранџа (ж)	nárandža
tangerina (f)	мандарина (ж)	mandaŕina
ananás (m)	ананас (м)	ánanas

| banana (f) | банана (ж) | banána |
| tâmara (f) | урма (ж) | úrma |

limão (m)	лимун (м)	límun
damasco (m)	кајсија (ж)	kájsija
pêssego (m)	бресква (ж)	bréskva

| kiwi (m) | киви (м) | kívi |
| toranja (f) | грејпфрут (м) | gréjpfrut |

baga (f)	бобица (ж)	bóbica
bagas (f pl)	бобице (мн)	bóbice
arando (m) vermelho	брусница (ж)	brúsnica
morango-silvestre (m)	шумска јагода (ж)	šúmska jágoda
mirtilo (m)	боровница (ж)	boróvnica

97. Flores. Plantas

flor (f)	цвет (м)	cvet
ramo (m) de flores	букет (м)	búket
rosa (f)	ружа (ж)	rúža
tulipa (f)	тулипан (м)	tulípan
cravo (m)	каранфил (м)	karánfil
gladíolo (m)	гладиола (ж)	gladióla
centáurea (f)	различак (м)	razlíčak
campânula (f)	звонце (с)	zvónce
dente-de-leão (m)	маслачак (м)	masláčak
camomila (f)	камилица (ж)	kamílica
aloé (m)	алоја (ж)	áloja
cato (m)	кактус (м)	káktus
fícus (m)	фикус (м)	fíkus
lírio (m)	љиљан (м)	ljíljan
gerânio (m)	герcaниум, здравац (м)	geránium, zdrávac
jacinto (m)	зумбул (м)	zúmbul
mimosa (f)	мимоза (ж)	mimóza
narciso (m)	нарцис (м)	nárcis
capuchinha (f)	драгољуб (м)	drágoljub
orquídea (f)	орхидеја (ж)	orhidéja
peónia (f)	божур (м)	bóžur
violeta (f)	љубичица (ж)	ljubičíca
amor-perfeito (m)	дан и ноћ	dan i noć
não-me-esqueças (m)	споменак (м)	spoménak
margarida (f)	красуљак (м)	krasúljak
papoula (f)	мак (м)	mak
cânhamo (m)	конопља (ж)	kónoplja
hortelã (f)	нана, метвица (ж)	nána, métvica
lírio-do-vale (m)	ђурђевак (м)	đurđévak
campânula-branca (f)	висибаба (ж)	vísibaba
urtiga (f)	коприва (ж)	kópriva
azeda (f)	кисељак (м)	kiséljak
nenúfar (m)	локвањ (м)	lókvanj
feto (m), samambaia (f)	папрат (ж)	páprat
líquen (m)	лишај (м)	líšaj
estufa (f)	стакленик (м)	stáklenik
relvado (m)	травњак (м)	trávnjak
canteiro (m) de flores	цветна леја (ж)	cvétna léja
planta (f)	биљка (ж)	bíljka
erva (f)	трава (ж)	tráva
folha (f) de erva	травчица (ж)	trávčica

folha (f)	лист (м)	list
pétala (f)	латица (ж)	lática
talo (m)	стабљика (ж)	stábljika
tubérculo (m)	гомољ (м)	gómolj
broto, rebento (m)	изданак (м)	ízdanak
espinho (m)	трн (м)	trn
florescer (vi)	цветати (нг)	cvétati
murchar (vi)	венути (нг)	vénuti
cheiro (m)	мирис (м)	míris
cortar (flores)	одсећи (пг)	ódseći
colher (uma flor)	убрати (пг)	ubráti

98. Cereais, grãos

grão (m)	зрно (с)	zŕno
cereais (plantas)	житарице (мн)	žitárice
espiga (f)	клас (м)	klas
trigo (m)	пшеница (ж)	pšénica
centeio (m)	раж (ж)	raž
aveia (f)	овас (м)	óvas
milho-miúdo (m)	просо (с)	próso
cevada (f)	јечам (м)	jéčam
milho (m)	кукуруз (м)	kukúruz
arroz (m)	пиринач (м)	pírinač
trigo-sarraceno (m)	хељда (ж)	héljda
ervilha (f)	грашак (м)	grášak
feijão (m)	пасуљ (м)	pásulj
soja (f)	соја (ж)	sója
lentilha (f)	сочиво (с)	sóčivo
fava (f)	махунарке (мн)	mahúnarke

PAÍSES DO MUNDO

99. Países. Parte 1

Afeganistão (m)	Авганистан (м)	Avganístan
África do Sul (f)	Јужноафричка република (ж)	Južnoáfrička repúblika
Albânia (f)	Албанија (ж)	Albánija
Alemanha (f)	Немачка (ж)	Némačka
Arábia (f) Saudita	Саудијска Арабија (ж)	Sáudijska Árabija
Argentina (f)	Аргентина (ж)	Argentína
Arménia (f)	Јерменија (ж)	Jérmenija
Austrália (f)	Аустралија (ж)	Austrálija
Áustria (f)	Аустрија (ж)	Áustrija
Azerbaijão (m)	Азербејџан (м)	Azerbéjdžan
Bahamas (f pl)	Бахами (мн)	Bahámi
Bangladesh (m)	Бангладеш (м)	Bángladeš
Bélgica (f)	Белгија (ж)	Bélgija
Bielorrússia (f)	Белорусија (ж)	Belorúsija
Bolívia (f)	Боливија (ж)	Bolívija
Bósnia e Herzegovina (f)	Босна и Херцеговина (ж)	Bósna i Hércegovina
Brasil (m)	Бразил (м)	Brázil
Bulgária (f)	Бугарска (ж)	Búgarska
Camboja (f)	Камбоџа (ж)	Kambódža
Canadá (m)	Канада (ж)	Kanada
Cazaquistão (m)	Казахстан (м)	Kázahstan
Chile (m)	Чиле (м)	Číle
China (f)	Кина (ж)	Kína
Chipre (m)	Кипар (м)	Kípar
Colômbia (f)	Колумбија (ж)	Kolúmbija
Coreia do Norte (f)	Северна Кореја (ж)	Séverna Koréja
Coreia do Sul (f)	Јужна Кореја (ж)	Júžna Koréja
Croácia (f)	Хрватска (ж)	Hrvátska
Cuba (f)	Куба (ж)	Kúba
Dinamarca (f)	Данска (ж)	Dánska
Egito (m)	Египат (м)	Egipat
Emirados Árabes Unidos	Уједињени Арапски Емирати	Ujedínjeni Árapski Emiráti
Equador (m)	Еквадор (м)	Ekvador
Escócia (f)	Шкотска (ж)	Škótska
Eslováquia (f)	Словачка (ж)	Slóvačka
Eslovénia (f)	Словенија (ж)	Slóvenija
Espanha (f)	Шпанија (ж)	Špánija
Estados Unidos da América	Сједињене Америчке Државе	Sjédinjene Américke Države

Estónia (f)	Естонија (ж)	Estonija
Finlândia (f)	Финска (ж)	Fínska
França (f)	Француска (ж)	Fráncuska

100. Países. Parte 2

Gana (f)	Гана (ж)	Gána
Geórgia (f)	Грузија (ж)	Grúzija
Grã-Bretanha (f)	Велика Британија (ж)	Vélika Brítanija
Grécia (f)	Грчка (ж)	Gŕčka
Haiti (m)	Хаити (м)	Haiti
Hungria (f)	Мађарска (ж)	Máđarska
Índia (f)	Индија (ж)	Índija

Indonésia (f)	Индонезија (ж)	Indonezija
Inglaterra (f)	Енглеска (ж)	Engleska
Irão (m)	Иран (м)	Iran
Iraque (m)	Ирак (м)	Irak
Irlanda (f)	Ирска (ж)	Irska
Islândia (f)	Исланд (м)	Island
Israel (m)	Израел (м)	Izrael

Itália (f)	Италија (ж)	Itálija
Jamaica (f)	Јамајка (ж)	Jamájka
Japão (m)	Јапан (м)	Jápan
Jordânia (f)	Јордан (м)	Jórdan
Kuwait (m)	Кувајт (м)	Kúvajt
Laos (m)	Лаос (м)	Láos
Letónia (f)	Летонија (ж)	Létonija

Líbano (m)	Либан (м)	Líban
Líbia (f)	Либија (ж)	Líbija
Liechtenstein (m)	Лихтенштајн (м)	Líhtenštajn
Lituânia (f)	Литванија (ж)	Litvánija
Luxemburgo (m)	Луксембург (м)	Lúksemburg

| Macedónia (f) | Македонија (ж) | Mákedonija |
| Madagáscar (m) | Мадагаскар (м) | Madagáskar |

Malásia (f)	Малезија (ж)	Malézija
Malta (f)	Малта (ж)	Málta
Marrocos	Мароко (м)	Maróko
México (m)	Мексико (м)	Méksiko
Myanmar (m), Birmânia (f)	Мјанмар (м)	Mjánmar

| Moldávia (f) | Молдавија (ж) | Moldávija |
| Mónaco (m) | Монако (м) | Mónako |

Mongólia (f)	Монголија (ж)	Móngolija
Montenegro (m)	Црна Гора (ж)	Cŕna Góra
Namíbia (f)	Намибија (ж)	Námibija
Nepal (m)	Непал (м)	Népal
Noruega (f)	Норвешка (ж)	Nórveška
Nova Zelândia (f)	Нови Зеланд (м)	Nóvi Zéland

101. Países. Parte 3

Países (m pl) Baixos	Низоземска (ж)	Nízozemska
Palestina (f)	Палестина (ж)	Palestína
Panamá (m)	Панама (ж)	Pánama
Paquistão (m)	Пакистан (м)	Pákistan
Paraguai (m)	Парагвај (м)	Páragvaj
Peru (m)	Перу (м)	Péru
Polinésia Francesa (f)	Француска Полинезија (ж)	Fráncuska Polinézija
Polónia (f)	Пољска (ж)	Póljska
Portugal (m)	Португалија (ж)	Portugálija
Quénia (f)	Кенија (ж)	Kénija
Quirguistão (m)	Киргистан (м)	Kírgistan
República (f) Checa	Чешка република (ж)	Čéška república
República (f) Dominicana	Доминиканска република (ж)	Dominikanska república
Roménia (f)	Румунија (ж)	Rúmunija
Rússia (f)	Русија (ж)	Rúsija
Senegal (m)	Сенегал (м)	Sénegal
Sérvia (f)	Србија (ж)	Sŕbija
Síria (f)	Сирија (ж)	Sírija
Suécia (f)	Шведска (ж)	Švédska
Suíça (f)	Швајцарска (ж)	Švájcarska
Suriname (m)	Суринам (м)	Surínam
Tailândia (f)	Тајланд (м)	Tájland
Taiwan (m)	Тајван (м)	Tájvan
Tajiquistão (m)	Тацикистан (м)	Tadžikístan
Tanzânia (f)	Танзанија (ж)	Tánzanija
Tasmânia (f)	Тасманија (ж)	Tásmanija
Tunísia (f)	Тунис (м)	Túnis
Turquemenistão (m)	Туркменистан (м)	Turkménistan
Turquia (f)	Турска (ж)	Túrska
Ucrânia (f)	Украјина (ж)	Úkrajina
Uruguai (m)	Уругвај (м)	Urugvaj
Uzbequistão (f)	Узбекистан (м)	Uzbekistan
Vaticano (m)	Ватикан (м)	Vátikan
Venezuela (f)	Венецуела (ж)	Venecuéla
Vietname (m)	Вијетнам (м)	Víjetnam
Zanzibar (m)	Занзибар (м)	Zanzibar